한국현대시를 빛낸 시인들

문학박사 **지은경** 엮음

도서출판 책나라

책머리에

『한국현대시를
빛낸 시인들』을 내며

문학박사 **지은경**

　한국현대시의 시원은 1908년 최남선의 신체시「해에게서 소년에게」를 기점으로 하고 있다. 100여 년 전의 시와 지금의 시를 비교하면 많이 변화했다. 미술의 구상에서 비구상으로, 큐비즘 콜라쥬에서 과학의 양자역학으로의 확장이 시에서도 드러나고 있다. 모든 예술은 시간이 지나면서 진화한다. 초고속시대를 살고 있는 지금 시인들의 자유로운 표현이 존중되어야 하는 것은 마땅하나 시와 비평과 독자와의 관계에서 얼마나 미적 조화를 이루고 있나 생각해 보고자 한다. 아름다운 것이 모두 감동으로 이어지는 것은 아니지만 예술세계는 끊임없이 아름다움을 갈망하며 추구한다.

　《도서출판 책나라》에서는 2017년『윤동주 탄생 100주년』기념집과, 2019년『3.1운동 100주년』기념집을 엮었다. 대한민국에 문학단체와 출판사가 수백 곳이 있지만, 유일하게《책나라》에서 만든 희귀성 높은 책들이다. 이번에 다시 한번『한국현대시를 빛낸 시인들』을 선보이며, 이 책을 만들기 위해 3~4년 동안 책나라 사무실에 보내온 문학 잡지들, 작가들의 문집과 시집 등을 꼼꼼히 읽고 발췌한 작품들로 함량 미달의 작품들은 없을 것이다.

시가 늙어 가고 있다. 시가 늙었다는 것은 잘 쓰고 못 쓰고를 떠나 창작성과 독창성이 결핍되었다는 뜻일 게다. 21세기 현대시 세계가 새롭게 전개되고 있다. 현대시는 현대적 인식이 드러난 작품들로 의식이나 정서 변화가 현실 인식에서 출발하며, 그 정신이 명료하게 작품에 녹아 형상화된다. 또한 시어의 의미나 묘사들이 시대의 흐름을 글로 녹여낸다. 시가 고전적 교과서적 이론에서 더욱 진화하고 있다는 말이다. 특히 한문 투의 관념어는 식상하고 지루하여 읽게 되지 않는다.

만점짜리 시를 뽑고자 한 특집은 아니지만 합리적인 원칙과 기준을 정하여 규정에 어긋나지 않도록 노력했다. 시는 수사학을 기본으로 하며, 수사학이 없는 시는 시의 형태를 갖추어도 시라고 말하기 어렵다. 시의 가치를 논할 때 형상성, 참신성, 함축성, 탄력성은 작품 선택의 기준이 된다. 우선 시가 되는 것과 아닌 것을 가려내고, 전체적으로 시적 형상화가 잘된 시, 메시지가 뚜렷한 시, 새로운 각도에서 쓴 시, 묘사가 잘 된 시, 그 외에도 시의 특징을 잘 살린 작품들을 먼저 선정했다.

책머리에

한 권의 문학지에서 한 편의 시도 건지지 못할 때도 있었다. 이는 시인들의 안이한 창작자세요, 자기 탐구 부족으로 보인다. 아쉬운 점은 매우 뛰어난 작품을 고르고도 문인주소록이나 책 어디에도 작가의 연락처를 알 수 없어 안타까웠다. 저자의 허락 없이는 저작권법에 의해 실을 수 없다. 또 작품이 좋다고 연락을 드려도 거절한 분은 어쩔 수 없었다. 사람의 하는 일이니 놓친 부분도 있을 것이요, 열심히 발표한 분들 중에서 고른 것이니 발표를 게을리 한 분들에겐 경각심이 될 것이다.

수년간 좋은 작품들을 모아 발간하게 되어 기쁘다. 엮자는 우리 사회가 좀 더 공정해지기를 희망하며, 문학이 좋은 사회를 실현할 수 있다고 생각한다. 그 길을 시인이 앞장선다면 바람직할 것이다. 『한국현대시를 빛낸 시인들』에 수록된 시와 시인들은 생존작가들로서 원로, 중진, 중견, 신인 등 구분하지 않고 오직 작품만 보고 선정하였다. 평가는 엮은이의 주관일 수도 있겠으나 문학을 전공한 자로서, 특히 시로 박사학위를 받은 인격과 양심을 걸고 정직하도록 노력하였다.

처음 계획은 5백여 명이었으나 더 이상 미룰 수 없어 3백여 분만을 모시게 되었다. 더 많은 분들을 모시기에는 엮은이의 역부족임을 해량해 주시기 바란다. 선택된 작품들은 실력과 행운이 함께 따라준 것이며, 이 책에 실린 시인들에게는 가치 있는 기록으로 귀하게 남겨질 것이다. 그리고 한국현대시의 새로운 목소리가 될 것이다. 3~4년간 공들여 출간하게 된 것에 자긍심을 느끼며 감사드린다.

이 책은 중앙도서관, 국회도서관 등에 영구 보존될 것이며 교보문고, 영풍문고, 인터넷 등 전국 매장에서 선보이게 될 것이다.

2023년 삼복염천에 에어컨디셔널 아래에서
시인·문학평론가 지은경 문학박사

목 차 ....

책머리에 『한국현대시를 빛낸 시인들』을 내며   2

강순구 | 소금커피   18
강에리 | 약속   19
강영덕 | 오늘날 유생!   20
강외숙 | 알파인 모놀로그   21
강은혜 | 부패   22
고용석 | 앉은뱅이 의자   23
강진원 | 길 위에서   24
강창석 | 응, 응   26
고은숙 | 비의 세레나데   28
고응남 | 나무의 발들   29
곽광택 | 용서의 미소   30
곽종철 | 세월이 약이야   31
권갑하 | 구층암 모과나무   32
권대자 | 그릴 수 없는 그림(동시)   33
권순갑 | 가을바람에 실려 온 억새 소리   34
권순악 | 추억의 장작불   35
금동건 | 심장이 옹알이한다   36
금동원 | 사막에 가자   37
김 겸 | 기억하라   38
김경길 | 기우제   39

김경순	형광등	40
김계수	방석	41
김관식	임자도 전장포	42
김관형	참된 나를 찾는 즐거움	44
김규선	이별가	46
김기원	베품	47
김기덕	트라이앵글을 울리다	48
김덕겸	다시 봄	50
김동민	안 꺾일 꽃	52
김동출	미니어처 돈키호테의 하루	53
김리한	별이 지는 호반에서	54
김미숙	하늘연달	55
김명자	또 하루를 살아내며	56
김미순	선인장 가시의 심장 같은	58
김미정	귀로	59
김봉균	엄니 만나는 날	60
김서휘	마른 꽃 Dry Flower	61
김석인	평화의 종은 언제 울리나	62
김선영	詩들詩들한 詩	63
김송배	不在中 · 14	64
김수원	그대에게 가는 길	65
김순규	태화강 십리대숲	66
김순희	누가 하늘 창을	67
김시은	그래도 아름다워	68
김애란	통일 비빔밥	69
김영수	들꽃	70

김영순	대릉원 천마총에 묻다	71
김영천	와락, 안아주시지 않아도 됩니다	72
김영희	빨래하는 바다	73
김예숙	아름다운 곡선의 노래	74
김완용	적벽강 바람꽃	75
김용언	길을 세우다	76
김용옥	달이 울고 간다	77
김용재	밤바다와 적막의 싸움터에서	78
김운향	텔레파시	79
김원배	월미도	80
김월준	나무들이 자라서 숲을 이룰 때	81
김유제	가을 하늘에 떨어지는 말씀들	82
김은수	살아있음에	83
김재근	단풍의 잔상殘像	84
김재원	가을 바다	85
김유조	버지니아 울프의 단장短杖	86
김윤숭	낙토	88
김종상	한글나라 좋은 나라	90
김종회	하늘 연못	91
김종희	생명	92
김진환	웃비	93
김태룡	미학美學의 변	94
김태형	백수 부부	95
김현숙	백련	96
김행숙	어둠에 대하여	97
김후란	박물관에서	98

김훈동 ǀ 서문	99
김하영 ǀ 낡은 의자	100
김한진 ǀ 너와 나는 서로 버팀목	102
김현숙 수영 ǀ 연리지	104
김희님 ǀ 신호등	106
나태주 ǀ 풀꽃	107
나호열 ǀ I –It	108
남경희 ǀ 잠 못 드는 밤	109
김황곤 ǀ 해변학교에서는	110
남현우 ǀ 오월의 산야	112
류영환 ǀ 낙타의 눈물	113
맹숙영 ǀ 구름역 환승	114
모상철 ǀ 공허한 하늘의 수사학	115
노유정 ǀ 별이 우는 산장	116
문봉선 ǀ 내 안에 흐르는	118
문용주 ǀ 쉼터	119
맹태영 ǀ 참나리꽃	120
문정희 ǀ 저녁별처럼	122
문효치 ǀ 이야기하는 무덤	123
민용태 ǀ 가자 나와 나	124
박경임 ǀ 블럭 쌓기	125
박기임 ǀ 통일	126
박길동 ǀ 뒷동산	127
박경희 ǀ 하늘을 바라보면 배가 고프다	128
박민정 ǀ 가시에 찔린 꽃	130
박 별 ǀ 어머니의 길	131

박두익	침묵	132
박병기	하모리 바다	134
박복영	국수 뽑는 집	135
박석현	이태원 참사를 보고	136
박숙자	가로등	137
박연희	비움과 채움이란	138
박영대	샛강의 우수	139
박영애	아버지	140
박재분	목발	141
박종대	촛불의 향	142
박준길	파꽃	143
박은선	바다 바라기	144
박정인	육필	146
박진우	새로운 발견	148
박철언	10월에는 용서하게 하소서	149
박종화	아버지의 하루	150
박춘희	달동네	152
방숙자	두 집 미소	153
배상호	동반자	154
배정규	눈雪 읽기	155
백영호	청산 청노루는	156
변종환	별 하나	158
복재희	누가 사슬을 채우려 하나	159
사위환	풀밭을 바라보며	160
서영희	하루살이	161
서광식	기적이란 것에 대하여	162

서수옥	아버지의 손글씨	164
서옥임	위대한 카시니, 토성품에 잠들다	166
서정문	섬이 사라지는 저녁	168
서진송	천년 노송(시조)	169
성기환	오월의 흔적	170
성성모	이 세상 삶의 의미	171
성명순	사랑할 날이 얼마나 남았을까	172
손도규	잎새에 부는 겨울바람	174
손수여	콩깍지 끼었어도 좋다	175
손영란	엇갈림	176
손해일	달맞이꽃	177
송경민	사자死者의 서書	178
송낙현	지구의 건강	179
송봉현	천지연의 봄	180
송연우	빗치개	181
손은교	바람의 유영	182
송유나	기일	184
신남춘	틈	185
신명희	가시나무새 어머니	186
신민철	올해도 우리는	187
신경희	소유할 수 없는 소유	188
신영옥	사랑, 사랑으로 · 3	190
안광석	꿈	191
안기찬	폭포	192
안혜초	쓸쓸함 한 잔	193
신위식	비무장지대, 평화를 심다	194

심종숙	가방 모찌	196
양재영	세월이 흐르면	198
어윤호	가실	199
안병학	밤바다	200
안일균	벽걸이 시계	202
엄원용	초상화 그리기	204
엄창섭	어둠 들여다보기	205
양상군	간이역	206
여윤동	아내가 뿔났다.	208
오세현	화분	209
오연복	이크 에크	210
오현진	불멸을 쓰다듬다	211
오만환	콤바인이 인사를 받는다	212
옥주석	애월읍 바닷가에서	214
우영숙	창밖 풍경	215
우태훈	귀신이냐 하느님이냐	216
원용우	벽시계(시조)	217
유병만	비무장지대 카페	218
유숙희	공존의 미학	219
우영식	농부 일기	220
유승우	저녁과 아침은	222
유안진	다보탑을 줍다	223
유중관	겨울 나비	224
유 형	서천西天	225
유회숙	여름 보고서	226
윤혜정	칸나는 해법 모색 중	227

윤희선	트로이 목마	228
은학표	애물	229
이광희	꽃으로 날아온 문자	230
이근배	겨울 자연自然	231
이길도	어느 가을날	232
이돈배	이끼의 서사	233
이명우	산골풍경 · 1631	234
이범동	인생은 긴 세월의 길	235
이금숙	왕포역에서	236
이병연	붓꽃	238
이보규	꽃	239
이복자	한강 아리랑	240
이복현	나뭇잎 경전經典	241
이상목	바람 속의 아들	242
이상정	닮음은 끌림을 가져온다	243
이석곡	농부는 예술가	244
이수정	민들레 홀씨 되어	245
이성환	아버지 냄새	246
이삼헌	이런 바람, 꽃	248
이순옥	개기일식	250
이순자	태백의 눈꽃에는	251
이서빈	올챙이를 산란하는 비요일	252
이영경	행성의 움직임	254
이영미	꽃 사진 걸다	255
이영애	영산홍	256
이옥진	허수아비	257

이승룡	내 누이들	258
이은송	나의 모두는 너의 것이 되기를	260
이의영	종이학	261
이영균	봄 지피는 부뚜막	262
이오동	약속을 접다	264
이인애	댓글 놀이	266
이재관	책장을 넘기며 때꼭 · 2	267
이원용	철마의 기도	268
이재성	양귀비	270
이정식	석탑	271
이제우	나비의 여정	272
이주식	태백산 주목	273
이재섭	내 슬픈 전설의 이야기	274
이향아	불편한 세상	276
이혜숙	질문과 대답	277
이희국	다리	278
이희선	자연의 서사시	279
이창식	신선 동자	280
이희자	슬픔을 말리다	282
임애월	장마	283
이현경	기억이 풍화되고 있다	284
이　효	폭포를 Ctrl V 한다	286
임보선	벚꽃잎	288
임완근	잡초	289
임하초	가을이 처음 올 때	290
장진주	김치	291

임　보	씨들의 길	292
장해익	두물머리의 기원	294
장현선	요행	295
임소리	내 그림 속에는	296
임충빈	정은에게 띄우는 편지	298
전산우	저 여인의 주름살은	300
전세중	우리 집과 바다	301
전순선	바벨탑	302
전영모	K-밥, 손맛	303
정계문	외발로 선 몽돌	304
정교현	우리가 바라는 세상	305
정근옥	초당에 앉아서	306
정덕현	봄이 쓴 편지	307
전희종	마음의 길	308
정송월	아들의 눈물	310
정순영	숫눈길을 가며	311
정끝별	이건 바다코끼리 이야기가 아니다	312
정영례	좌선	314
정용원	접시꽃 비행접시(동시)	315
정진수	간이역	316
정태완	동네 뒷산에 오르면	317
정용규	동방의 밝은 빛이여	318
정정남	개구리	320
정창희	아버지와 아들	322
정해란	봄 배달 완료	324
조규수	농부	326

조기호	달항아리	327
조남명	담쟁이	328
조덕혜	고독 사회학	329
조병무	창문	330
조승부	사랑의 길이 열리면	331
조선의	검은머리번개깡충거미	332
조순배	그리움이 떠나갑니다	334
조온현	서민瑞民 아파트	336
조정화	부정父情	337
조영미	소록도의 비창	338
조진현	지리산 계곡	340
주해성	팥죽	341
조일규	피 묻은 치마	342
조화훈	코로나가 남긴 선물	344
지영자	꽃 피고 지는데	346
지은경	지금 이 시간	347
차용국	엄마의 가을 사진	348
차학순	광인의 혈穴	349
천수호	옥편에서 '미꾸라지 추鰍'자 찾기	350
최계식	초막에서	351
최귀례	엽서를 읽으며	352
최길순	리빙 캡슐	353
최동열	풍선의 연애철학	354
최상고	내 조국 내 강산에	355
최봉순	한해를 돌아보며	356
최영희	그 남자의 사랑법	357

최병원	지구를 되살리자	358
최임규	강문 해돋이	360
최진엽	11월	361
최종월	이름에 대한 명상	362
최태석	청지기	364
한상담	가로등 · 1	365
최혜영	루드베키아	366
한상림	기후되먹임	368
허만길	젊은 날의 아픔	369
허진숙	시계바늘	370
허태기	태양을 향해 쏴라	371
허형만	뼈는 귀도 밝다	372
홍관수	나와 나 아닌 나	373
홍기영	동백이 가는 곳	374
홍명희	테이크 아웃	376
홍중기	모스크바는 정교회다	378
황옥례	네모 부부	380

강순구

한국문인협회 회원, 쏠만한물가작가회 발행인 겸 회장, 자랑스런한국문인상 외,
시집 『사그래이』 외.

소금커피

누군가 타서 주던 커피만 마시다가
모처럼 서툰 솜씨 발휘해 카누 타서
한 모금 마셔보고는 깜짝 놀라 퉤퉤퉤

나이가 들었구나 설탕과 소금조차
구별을 못 하고서 소금을 잔뜩 넣은
짭짤한 커피 마시며 생각한다 인생을

달콤한 시간들도 짭짤한 흔적들도
감내해 산 세월들 지나니 모두 소중하다
이제는 달콤한 커피와 짭짤 커피 함께 즐겨야지.

강에리

소설가·작사가·시인, 엘리스의시가있는정원 대표, 제19회황진이문학상, 시집 『단 하나의 꿈』

약속

별빛을 좇아 먼 광야를 지나왔다
가슴 가득 채워지지 않는 열망을 안고서
꿈은 언제나 잡았다 생각하면
황금 모래처럼 손가락 사이로 빠져나갔다

어리석은 나는 마셔도 마셔도
갈증이 사라지지 않는 이유를 몰랐다
가슴 가득한 안타까움도 결국 미련인 것을
두어 권의 시를 쓰고 나서야 알았다

눈물 한 동이 흘린 후에 슬픔은 샘물 같아서
길어 올릴수록 커지는 것을 알았다
미련한 나는 인연이 다 떠나간 후에야
당신이 처음부터 내 곁에 있었음을 알았다

그때
세상 끝날까지 나와 함께한다는
아득한 약속 기억이 났다

강영덕

한국문인협회 회원, 강서문인협회문학상 본상 수상, 시집 『시간의 채널』

오늘날 유생!

글 한 줄 쓴다고
글 한 줄 본다고

용기 있던 성균관 유생들
조선을 떠났으니

소셜 네트워크가 홍수로 쏟아지는 혼돈
가짜 뉴스인지 진짜 뉴스인지

그러나
들어도 말 못하고
들어도 말할 수 없고
들어도 말할 줄 모르는

용기없는 이 시대 유생들
현실을 관망하는지
현실을 방관하는지

강외숙

시민신문 신춘문예, 중앙대대학원 졸업, 국제펜 이사, KBS드라마 작가.

알파인 모놀로그

이국의 눈썹 짙은 별이
방심한 가슴으로 숨어들어
밤의 적막을 데리고 올 때

계절이 저무는 이국의 마을엔
그리움 바이러스가 걸어 나와
잊었던 이름들을 데리고 온다

완벽하게 이별했지만
의식의 심층에 사는 사람을
모국을 떠났던 마종기 시인을
아담 자기예프스키*를 생각한다

머나먼 곳에 유리된 슬픔
유토피아 아니면 상처였을
그 아릿한 언저리를 가늠해 본다

이국의 눈썹 짙은 별이
푸른 도라지꽃으로 피는 밤에

* Adam Za gaiewski(1945~) : 폴란드 시인

강은혜

시인·시낭송가, 천지시낭송협회 회장, 김소월문학상 수상, 시집 『하얀 그리움에 물든 꽃잎』 외.

부패

안개는 비밀회의 중
기온이 올라가자 악취가 나고
유독물질 냄새가 마당에 가득 고인다

티티새 가족들의 울음소리
지구가 오염되면 새는 물론
인류의 울음소리도 들을 수 없다

지구를 궤멸시키는 핵
그보다 더 무서운 건 부패한 마음

세상 사람들은
핵을 두려워하지만

나는
부패한 영혼이 더 무섭다

고용석
서울시인협회 사무국장, 월간시인 편집장, 시집 『자자를 아시나요』

앉은뱅이 의자

세상을 눈감아 줄 아량이 없을 때는
앉은뱅이 의자에 앉아
낮은 자세로 숨어 핀 풀꽃을 만나거나
마당에 든 햇살 한 줌 쥐고
지나는 바람이나 만나 볼 일이다
서서는 보이지 않던 생명체들의 모습이
저마다의 이쁜 이름으로
네게 눈을 맞출 것이다
높이가 주는 거만한 횡포
무심하고 불편한 생각들은
낮추고 낮추어야 버릴 수 있는 것
앉은뱅이 의자에 앉아
세상이 더 잘 바라보이는 건
신기한 일이다

강진원

철도청공보담당관·동대구역장, 1982년《포스트모던》등단, 양천문인협회 회장,
저서 『겨울공화국』 외.

길 위에서

숨 가쁘게 달려온 내 삶의 끝자락에서
몹시도 부족하고 허술했던 그때 인생의
그 시점으로 다시 돌아가 지금 내 모습이 아닌
다른 삶을 선택한다면 후회할 만한 모든 일들을
떨쳐버릴 수 있을까!
무엇 하나 제대로 살지 못했다는 죄책감이
어깨를 짓누르고 있다

이 서늘한 적막과 그 놀라운 신의 계시를 받아
문득 정신을 가다듬고 깨어날 그때
내가 인정할 만한 온전한 삶을 살았다고 생각해 왔던
그런 결정적인 모습들을 다시 되찾을 수 있으려나!

정작 우리가 지나온 생의 특정한 장소로 갈 때
우리 자신을 향한 여정은 시작된다.
우린 그 길에서 막다른 고비를 만날지라도
두려움 없이 새로운 지평을 향해 나아가야 한다.

꼭 요란한 사건들만이 인생을 바꾸는
결정적인 순간이 되는 것은 아니다
실제로 운명이 결정되는 드라마틱한 순간은
믿을 수 없을 만큼 사소할 수 있다.
누군가에게 엄청난 영향력을 발휘하고
그 길에서 만난 누군가의 삶에
작은 빛을 부여하는 경험은 소리 없이 일어난다.

그 놀라운 고요함 속에 고결함이 있지 아니한가!
늦었다고 미리 단념할 일이 아니라

우린 우리의 일부를 남기고 떠난다
떠나더라도 우린 그곳에 남는다
우리의 사랑도 그곳에 남는다

강창석

사)한국문학협회 이사, 아태문인협회 회원, 문학한국 문학대상.

응, 응

간절한 소망을 담아 보는 간절곶에* 갔다
수평선 위에 떠오르는 해, 바다에 잠긴 해
황홀한 형상을 보라 긍정의 글자가 있다
하루를 연다 그렇다
응, 응

징게맹경외애밋들에* 갔다
지평선 아래로 지려는 해, 호수에 잠긴 해
밤을 기다리는 긍정의 글자
하루를 닫는다 그렇지
응, 응

어둠의 씨앗을 잉태시키는 밤이 왔다
해가 달에게 뜨거움을…
카타르시스를 느낀 항아
인간 창조를 하는 거지 그러게
응, 응

나누고 나누어 주는 글자 응
해와 달이 가지고 있는 것들
받은 만큼 베풀고 베푼다면
더불어 사는 세상이 온다
응, 응

* 간절곶 : 울주군 서생면 대송리, 동해안에서 맨 먼저 해가 떠오르는 곳
* 징게맹경외애밋들 : 전북 김제망경의 너른 들의 전라도 방언

고은숙

《한국시학》으로 등단, 한국경기시인협회 사무차장, 국제펜한국본부·한국문인협회 회원.

비의 세레나데

오래된 기억들이 수몰된 강물 속으로
단단하게 고여드는 푸른 빗소리
젖은 날개 털며 가뿐히 날아오르는 새는
새로운 날들의 시작을 꿈꾼다
불빛도 젖어 흐르는 우기의 끝
뒤엉켰던 실타래 기어이 끊어지고
일그러진 유리창 밖의 낯선 표정들
지상으로 뱉어내는 날숨의 비린내
아직도 자유롭지 못한 사유의 파편들이
먼 허공 속에 매달린 빗줄기에 섞여
그대의 시간 속으로 미끄러질 때
아득하여라
긴 강줄기 따라 오롯이 피어나는
눈물의 들꽃이여
우리들의 사랑이여

고응남

시인·수필가·화가. 노스웨스트사마르 국립 미술대학 석좌교수, 대한예술신문 총재,
전)백석대학교 교수, 현)인사동시인협회 부회장.

나무의 발들

수많은 나무 가지들이
허공 위를 걷는 사람 같네

거친 숨결 어디에 숨겼다가
이처럼 기분 좋은 공기 뿜어내는지

줄기 위에 서면 키가 자라는
그대는 하늘 찌르는 푸른 에너지

문어발보다 더한 생명력
굵은 선 가는 선이 숲을 이뤄
그 마음들이 합창을 하네

곽광택

동작문협 고문, 한국노년인권협회 감사, 4.18민주의거협회 상임부회장, 시집 『마음의 고향』 외.

용서의 미소

이 세상에서
가장 값진 보석은
용서의 미소이다

용서는 사랑과 이해이며
끈끈한 정이다

사랑의 웃음은
용서의 미소 앞에는
물방울이다

사랑의 웃음이 잠깐이면
용서의 미소는
영원한 행복이다

곽종철
대한문인협회 서울지회장, 한국전쟁문학회 부회장, 한국전쟁문학상, 시집 『모퉁이 집』 외.

세월이 약이야

인생이란 긴 터널 지나다 보니

깊은 상처는 아물고

응어리도 풀어져

제자리로 돌아온 너와 나

친구야,

세월이 약이지.

권갑하

1992년 조선일보·경향신문 신춘문예 당선, 중앙시조 대상 수상 외, 시조집 『외등의 시간』 외.

구층암 모과나무

-시상에 뭐 볼끼 있다고 이리 가는교?
-아주 기맥힌 것이 시상에 있어라우!

동서東西간 붉은 화답에
산도 활활 타오른다

-기둥 좀 보아, 저 생불 좀 보랑께요!
-몸보시가 따로 있는 게 아니구마이!

한 생애 굴곡진 옹이
맑고 고운 흰 가슴결

-득도한 고승대덕의 뼈마디가 저럴까요!
-삶과 죽음이 따로 있지 않다 안 한다요!

내 마음 천불 뜨락 가득
모과향이 싸하다

* 전남 구례 화엄사 암자인 구층암 요사채 기둥은 굵은 모과나무를 자연 상태 그대로 사용했다.

권대자

한국문인협회 회원, 한국아동문학 창작상 수상, 환경동시집 『자연이 주는 이야기』 외.

그릴 수 없는 그림(동시)

하늘에 꽃구름 두둥실
아름다운 무지개
해와 달은 그릴 수 있지만
선생님 마음은 그릴 수 없네

푸른 바다 철썩 처얼썩
바위 위로 부서지는 파도
흰 갈매기는 그릴 수 있지만
아버지 마음은 그릴 수 없네

고요한 밤 잔잔한 호수에
총총히 내려앉아
시리게 반짝이는 별은 그려도
어머니 마음은 그릴 수 없네

권순갑
시인·아동문학가, 충북문학상 수상 외, 저서 『나무로 살고 꽃으로 피어』

가을바람에 실려 온 억새 소리

낙엽은 떠돌며 뒹굴어야 제격이다
서릿바람 불어오면 까칠한 잎 마른 숨소리
한곳에
뿌리 내리고
진득한 저 자존심

눈 덮인 은빛 벌판 광기 어린 저 생명력
꿋꿋하게 살리라고 스스로를 견뎌온 날
속 빈 대
꿋꿋한 절개
칼을 가는 신음 소리…

미미한 바람에도 지탱하기 역겨운 나올
멈추길 기다리는 벼랑 끝 이야기에
이 밤도
별밭을 거닐며
뜬눈으로 지새운다

권순악

시인·소설가·수필가, 농민문학상 수상, 시집 『달빛에 길을 묻고』 외.

추억의 장작불

함박눈 내리는 겨울이 오면
어머니는 안방 아궁이에
장작불을 지피신다
평생을 부엌에서
어머니의 사랑은
장작불보다 뜨거웠다

함박눈 내리는 겨울이 오면
아버지는 사랑방 아궁이에
장작불을 활활 지피신다
평생을 쇠죽을 쑤신
아버지의 소사랑은
장작불보다 뜨거웠다

함박눈 내리는 겨울이 오면
마음은 멀리 고향으로 달려가
장작불 피워놓고
옛이야기 나누고 싶은데
이제는 하염없이 내리는 눈이
서러운 추억을 덮고 있다.

금동건
금동문학회 회장, 빈여백 동인, 저서 『아버지 중절모』 외.

심장이 옹알이한다

겨울의 끝자락에
앙상한 가지 끝을 바라보니
어느새 찾아와 매달린
새 생명의 옹알이
솟구치는 힘 감당할 수 없는지
밀치기를 여러 번 하다
입춘 추위에 숨을 고르며
함 줌의 햇살에
심장의 옹알이는 계속된다.

금동원

여성문학인회 편집위원, 계간문예작가상 수상, 시집 『여름낙엽』 외.

사막에 가자

그리움을 만나러 가자
지난 것들에 대한 목소리를 듣고
잃어버린 가슴을 찾아
엉켜버린 실타래의 마음 길을 풀고
힘겹게 엮어 놓은 나의 역사를 위해
새로 만든 이정표를 따라 사막에 가자

외로움을 묻으러 가자
눈 깜짝할 새 사라져버리는 신기루처럼
다가갈수록
멀어져가는
혼돈과 무질서의 근원을 버리고
사랑으로 읽히는 별의 길을 따라
다시 사막에서 만나자

어느새 모습을 바꾼 내 안의 나
바람아 쓸어가라
방향을 잃고 흔들리는 방
욕망을 날리고 온전히 떠나자
죽은 사유와 썩은 의지를 버리고
텅 빈 사막에서 다시 시작하자

김겸
시인·연극배우, 제1회 하유상문학상 수상, 작품 「마더테레사」외.

기억하라

눈물도 거절 합니다
슬픔도 거절 합니다
통곡도 거절 합니다
아무도 울어 줄이 없이 떠난 세 모녀

햇빛 없이 그늘진 축축하고 좁은 지하방에서
장애 몸으로 장애를 가진 두 아이 끌어안고
따가운 눈길 파고드는 아픔도 함께 숨기며
작은 도움에도 천진한 미소로 답하던 세 모녀

억수 같은 장대비가 지하방으로 밀려와 닫쳐진 문
장애의 몸으로 문을 열지 못하고 차오르는 울 속에
얼마나 무서웠을까? 창살로 가로막혀 열 수 없는
감옥 같은 작은 창문 잡고 얼마나 죽음이 두려웠을까?

온몸으로 파고드는 두려움과 고통이 잠기고
뉴스에 잠깐 떠들었다가 그리고 금방 고요해졌다
아무도 그들을 얘기하지 않는다

김경길

한국통신 전화국장, 아태문인협회 이사, 시집 『하늘 향기』

기우제

어쩌자고 꽉 잠기었나
꾸무레한 구름문
기다리기엔 너무 목이 탄다

더위 피해 뽕잎에 매달린
허기진 청개구리
꼬르륵 꼬르륵 숨이 차다

논바닥 쫙쫙 햇살에 난도질
새들도 부리 다물지 못한 채
헐떡 헐떡 숨 넘어간다

내 새끼 고춧잎, 옥수수대
배시시 꼬여가니
담뱃불 가슴만 타들어 간다

어찌하랴 하늘 맴인 걸
온 동네 꽹과리 소리
닫힌 구름문만 두드린다

김경순
2008년《문예사조》등단, 대한민국독서대상, 문예작가회 이사, 작품집 『생각의 그물』 외.

형광등

번쩍!
섬광이 방안을 가득 채운다
사물은 하얀 불빛 아래 벌벌벌 떤다
순간부터 꾸밈의 알리바이는 성립되지 않는다
수사관 앞의 피의자처럼
진실은 백일하白日下에 드러날 것을
어둠은 거짓을 거짓되게 가려주었으나
형광 불빛 수갑手匣은
모든 오류誤謬를 가둬버렸다

김계수

월간《모던포엠》이사, 제11회모던포엠문학상 수상, 거제신문 칼럼위원.

방석

오랜 세월이 몸에 차고 늘어지면
세상 무서운 척 앉아 있고 싶어지는데
지리산 살며 곶감 농사하는 친구가
곶감이 익는 동안 만들었다며 보내온 방석
살아온 날이 모난 돌처럼 배기거나
살아갈 날이 무겁고 닿을 길이 찰 때
풀썩풀썩 깔아 앉고 싶은 둥근 자리

봄에서 가을까지 꽃과 풀에게서 색을 구하고
아침부터 밤까지 천을 자르고 곱게 기워내고
지리산 그에게서 내가 있는 도시까지 물들인
풀썩풀썩 앉고 싶은 질박한 마음이 와서는
무겁고 모가나 거친 내 옆에서 설워하는데
차마 너를 깔아 내 몸이 가벼워지겠느냐 싶어
그대로 두고 네 안에서 머뭇거리기로 하네

김관식

1976년 전남일보 신춘문예 문학평론, 김우종문학상 본상 수상, 시집 『가루의 힘』 외.

임자도 전장포

참 세상에는 신기한 일도 다 있데
임자도 전장포를 가니까
땅 모양이 꼭 새우 머리를 닮아 있더랑께 그려

전장포 뒤쪽
포구는 영락없이 새우 눈처럼
깜빡거리고 있는데 그 까닭을 당췌 모르겠어

임자도가
새우잠을 자고 있으니까
바닷속 새우들도
전장포 앞바다로 모두 모여드는 것이지라우

얼른 지도를 펼쳐 보랑께
대광리는 새우 배 같아서
여름이면 새우가 알을 품는 것 맹기로
해수욕을 하려온 사람들을 북적대고
마주 보이는 육타리, 대태이도로
더위를 털어내고 있는 것 아니것서라우

참 세상에 참 희한한 일도 다 있데 그려
지금까지도 양반 노릇하는
새우 섬이 남아 있더랑께
임자도 전장포에 가면
새우들이 수염을 까닥까닥
온몸으로 이리 오너라! 임자 내가 왔소!
파도들이 철썩거리고 있더랑께 그려

진짜 내 말이 믿기지 않으면
조선시대 임자도로 유배 왔던
화가 조희룡을 찾아가 물어보게나 그려

김관형

특허청심사관·명지대교수, 장폴싸르트르문학상 대상, 한국신문예문학회자문위원,
시집 『보람 깃든 여로의 거울』 외.

참된 나를 찾는 즐거움

인생의 마음 사슬*이 움직이는 곳은
오묘한 삶의 품속인 공간이다

허공의 미로 속에서 꿈을 찾아
홀로 가야 하는 외로운 얄궂은 한길이다
헛된 길의 낭패로 곤욕의 난간에 서기도 한다

옳은 길은 지금 마음의 가늠 판단에 있다
세월의 그림자마저 지금은 다시 오지 않는다

숨결이여 대망의 밭에 희망의 씨를 뿌리자
곤한 시름에 시든 세월에도 암팡진 꿈을 가진
검푸른 젊음이여 보람 이는 하늘을 보라

진리는 구름이 아니요 드높고 해맑은 푸름이다
진정한 새날은 참된 나를 찾은 깨달음에 있으니
이 터전에 발전의 용솟음이 우렁차게 하라

변화 속의 보물은 참된 나를 찾아 옳은 길로 가
땀 적셔 구겨진 마음을 편 소박한 삶 속에서도

농익은 결물 거둬 자유와 평화가 깃든 터전에
날빛 이는 즐거움과 보람찬 영광을 이루잖다

*사슬:세포를 가늠하는 실낱같은 더듬이를 말함.

김규선

상전교회 담임목사, 의성군문화관광해설사, 은점시문학회 회원.

이별가

끝없이 내리는 비
지워지지 않은 편지다

마르지 않는 눈물
손에 잡히지 않은 마음

구멍난 구두 밑창
걸어도 또 걸어 봐도 잊혀지지 않은 초상

비를 따라 바다로
비를 타고 하늘로

김기원

경남과기대학 명예교수, 남강문학회장, 복지부장관상 수상, 시집 『나 차밭에 있네』 외.

베품

작은 들꽃으로 피어나도
나는 좋아라

쓰레기장 밑에 푸른 향기로
세상을 적시다가
바람 속의 먼지로
사라진다 해도
나는 좋아라

대문가 달라붙은 코딱지로
기억 안 해도
나는 좋아라

아직 마셔보지 못한 새 찻잎
햇살에 눈 부시는 새 생명
새로워 노래 지어
그리움처럼 부르는
차 한잔 나눔이 좋아라.

김기덕

시인·평론가, 2000년 월간 《시문학》으로 등단, 시집 『빅뱅과 에덴』 외, 평론집 『뇌과학 비평』

트라이앵글을 울리다

삼각의 정점을 매달아 허공에 띄운다
흰 뼈로 내걸린 공백

천 · 지 · 인이 한 괘로 묶이고
삼위일체 말씀이 모빌로 흔들린다

십자가의 꼭짓점을 두드리면 울리는 청아함
불사의 공간에 메아리치던 이름들은
어느 피라미드의
영혼을 깨우기 위한 불꽃 두드림이었을까

삼족오의 향로를 피워
혼을 부르는 영매의 절규에
은별들의 간절한 떨림이 찾아오고
조각난 달빛들 쏟아진다

시공의 순간에 매달려 살다가
문득 뼈로 흐느끼면
열리는 또 하나의 문에서 너를 부른다

자지러진 파장 하나
내 안의 블랙홀로 맴돌다 유성처럼 사라지는 타종

경계를 흔드는 뇌우가 어둠의 침묵을 찢는다

김덕겸

시인·수필가·경영학박사, 대지문학회 상임고문, 황금찬문학상 수상 외, 저서 『별 내리는 밤』 외.

다시 봄

길 위에
얼어붙은 그림자 밟고 선
겨울 나그네
광야 넘어
먼 봄은 한 송이 소망이어라

보라
바로의 낯을 피하여
분리의 깊은 바닷속에 구원을 저당 잡힌
언약의 백성들
어둠의 선봉은 이미 해안에 당도하였고
길은 아직 심연에 머물러 있다
선한 목자의 음성이여,

약속의 봄은 슬픔의 언덕 너머 있고

뿌리에 묻은 여름과 겨울을 다 떨어버려라
가시덤불과 엉겅퀴의 극복은
목 축여 줄 우물을 숨기고 있는 길이다

돌 하나에 인내와
돌 하나에 연단과
돌 하나에 희망으로
부끄러운 수치를 드러내지 않음이다
어머니
어머니,

김동민
2019년《창조문학》15세에 시로 등단, 2020년 대한민국인재상 수상, 시집 『하늘을 보고 싶은 날』

안 꺾일 꽃

너무나 아름다운 꽃이여

아름다워 밟지 못하고

아름다워 찍지 못하니

거기 그곳에 남아있어라

김동출

《신문예》詩 부문 신인상 수상, 아태문인협회 이사, 제10회 에스프리 문학상 수상.

미니어처 돈키호테의 하루

무르익는 가을 한낮
함안 악양 둑방 길
돌지 않는 빨간 지붕 풍차 옆에
한평생을 멋에 살다
늙는 돈키호테가 서성인다

애마愛馬 '제네시스' 몰고 와서
어쩜 이리 좋아라! 마구 낄낄댄다

낙동강 너른 둔치에는
가을꽃 천지
꽃구경 나온 한 사람만
미니어처 인간마냥 무표정하다

어쩌다 가로챈 가을 하루
달콤한 꽃 잔치 향기에 취해
당근 없어도 좋은
뭉게구름 뛰노는 가을 하늘 속으로
풍덩 뛰어드는 돈키호테

김리한

시인·법학박사, 문협70년사편찬위원, 2018년 《토지문학제》 작품상, 시집 『그리워할 사랑 하나』

별이 지는 호반에서

먼 하늘 별들이
호수에 내려와
가만히 잔물결 흔든다

어수선한 봄바람
꽃잎 뿌려
내 그림자 흐려지고

별은 보이지 않아도
저 혼자 빛나고 있었듯

그대 볼 수 없어도
내 마음속에 살아있다

당신은 빛나는
별이 되세요
나는 고요한
어둠이 되겠습니다

김미숙

시인·시낭송가, 고등학교 영어교사 역임, 한국문인협회 회원, 시집 『이카로스의 날개』

하늘연달

벼린 생각들이 차곡차곡 쌓여
두 팔 벌려 하늘 향해 날아오르고
소나기처럼 요란하던 상상
깊은 우물 속 심장의 물보라가
형형색색 붓끝을 물들어가며
가을에 조금씩 희며든다

삶의 허구에 매달려
산등성을 가파르게 오르내리고
생채기를 내 몸살을 앓던 기억의 흔적들이
하늘 담벼락에 걸터앉자
추억의 잔재를 구름 위에 걸쳐 놓고
환불된 시간의 그림자에 누워
활짝 열린 하늘을 유영한다

텅 빈 푸른 허공에 묵은 찌꺼기 툴툴 털고
가을빛 너울에 몸을 맡기며
비워진 뜨락에 시월의 햇살을 가득 담는다.

김명자

아태문인협회 부이사장, 탐미문학상 수상 외, 시집 『그대 내 곁에 있는 한』 외.

또 하루를 살아내며

오늘도 나는
번뜩이는 수백 수천 개의 눈동자 앞에서
살아내고자 숨을 헐떡이며 절규를 한다

거꾸로, 거꾸로 가고 있는 시간 수레에
허망한 마음 걸쳐 두고
나 홀로 폭포수 아래 서 있다
나는 지금까지
누구를 위해, 무엇을 위하여 살아왔는가

눈길 한번 돌리지 않고
남에게 돌팔매질 한번 하지 않고
오로지 정도正道를 고집하며 최선을 다해 뛰어 왔건만
내가 건너고자 한 다리는
다시 더 먼 곳으로 솟구쳐 올라가 버렸다

고운 정 담뿍 든 옛사람들은 모두 어디로 가고
낯선 사람, 서툰 시간들이
무시무시하게 달려드는 꿈인 것 같은 현실에서
거꾸로 오르는 폭포수를 보며
기막힌 한을 토해 본다

맑은 물이 모두 썩어
물고기 한 마리 자라지 못하고
늘- 나의 앞을 밝혀 주던 해님과 달님은
저만치 뒤에서 머뭇거리고 있다
삶과 죽음이 뒤엉킨 이 시·공간에서
오늘도 나는,
살아내기 위해 발버둥을 친다.

김미순

사)부산시인협회 이사장, 부산문학상 본상, 시집 『바람, 소금 한 톨 품어오듯』 외.

선인장 가시의 심장 같은
- 마라도에서

선뜻 뛰어가지 못한 발목을 움츠리며
네 영역을 찾아 파도를 넘었네
절벽과 벼랑 위로 몰려다니는 키 큰 바람들이 사는 곳
우리의 땅끝마을 마라도
순간 햇살 하나 너 만나는 끝점에서네

뜨거운 햇볕에 그을린 건 한여름을 이겨낸 푸른 바람의 목덜미와 이마뿐만이 아니었네 바람이 불 때마다 한마디씩 키를 줄이며 살아야 했던 억새풀들이 일제히 넘어지는 쪽으로 햇살의 웃음도 구름의 침묵도 등에 멘 빨간 배낭도 같이 누워 그냥 까맣게 익어야 했네

돌고 돌아봐도 나무 한 그루 없는 땅 해안가 꽃 진 천년초 선인장들이 분주히 푸른 피를 돌려 튼실한 가시들의 세포를 밀어 올리고 있었네

뾰족한 가시의 심장이 손바닥 만큼씩의 제 몸 넓이를 모아 우리의 땅끝 하늘을 푸르게 지키듯 바다의 염통이 쿵쿵 울리도록 마라도의 중심을 향한 선인장 가시 끝에 맺힌 삶의 감정이 크게 울컥거렸네.

김미정

월간신문예 편집장 엮임, 대한민국문화예술 대상 수상 외, 시집 『그대 앞에 풀잎처럼』 외.

귀로

아직 먼 줄 알았다
때가 아닌 줄만 알았다
어리게도
어리석게도

멈춰
눈 비벼 바라보니
바로 앞에
다가와 있는
안개 자욱한 귀로

슬픔도 기쁨도
명패도 숨기고 번갈며
잡힐 듯 잡히지 않던
생의 모든 숨바꼭질

저기 저곳은
피안인가, 어둠인가
갑자기 가슴 욱신대며 다가오는
더 사랑하며 아파야 할 이름들
그 속에 그대가 있다

김봉균
한국문협문학정보위원, 시와창작문학대상, 저서 『동백꽃잔설위로붉은점하나놓고졸고있다』

엄니 만나는 날

오랜만에 신발을 샀다
딸애는 폰뱅킹으로 기차표를 쏘며
잃어버린 날들을 다독이라고 했다

도착한 역에는
엄니의 흔적이 훌쩍이고
휭 자동차가 지우고 달아난다

엄니 기일
늙은 아들은
뜨거운 태양 때문에 눈물이 말라 슬프다

김서휘

한국문인협회 회원, 인사동시인협회 회원, 시집 『강의 흐름을 다르리이까』

마른 꽃 Dry Flower

인생의 시나리오 1막 2장을 찍는다
이승과 작별 인사를 고하고
과거와 현재, 시간과 공간의 합작물이
마음주름 싸움이 시작된다

숫눈길마저 지리멸렬한 무연고
청맹과니가 무릉도원에 획을 긋는다

이곳이 왕들이 놀던 포석정이란다
폴 세잔의 그림들이 돌아가며 술을 마시고
고흐의 해바라기들이 마름길을 걷는다

이승과 저승의 갈림길에서 재탄생되는

여러 해, 네 영혼을 적셔주는
압화된 낭만 가객은
당신 곁에 도록으로 문서를 띄워 보낸다

토착화된 이상향 그 꽃향수를
여기저기 흩뿌려 놓은 신기루 파노라마 영상물
길이길이 새김질 줄 놓는다

김석인

계간《열린문학》편집본부장, 쉴만한물가 작가 대상 외, 시집 『詩가 뭔데』

평화의 종은 언제 울리나

분쟁지역의 탄피를 모아
한 살 젖먹이 돌 반지까지
파로호 언저리에 주물로 태어난 생명

평화를 갈망하며 북녘땅을 향하여
우뚝 선 채로
오늘도 타종하는 자에게 묻고 있다
언제 달아줄 것인지 반쪽 비둘기 날개를

이곳에 잠든 10만 명의 슬픈 영혼들
그들의 원한을 달래주며 위로하고
다시는 이 땅에 총소리가 아닌

완성된 자유와 평화의 종소리가
북녘 하늘 끝까지 울려 퍼지길
나는 손꼽아 기다린다
오늘도

김선영

동국대 국문학, 영랑문학상·황진이문학상 수상, 시집 『달팽이 일기』 외.

詩들詩들한 詩

어수선한 마음 밭에
거름을 버무려야 할지
골을 지어 흩뿌려야 할지

아니면
모종을 해야 할지 몰라

며칠째 밭을 일구었다
詩들詩들한 詩가 모여
뱃심 좋은 종자들은
알곡처럼 영글어 가는 소리가 들렸다

빛이 인색하지 않게 쏟아졌다
상큼하고, 발랄한 푸른빛

김송배

국제펜 자문위원, 조연현문학상, 저서 『김송배 시창작교실』 외.

不在中 · 14

--목격자를 찾습니다
홀로 큰길가를 두리번거리다가 지친
피멍든 눈동자
바람을 안고 시간을 떼밀며
그냥 전신주에 매달려 있다
누군가 한 움큼 눈물만큼도 못한
어두운 양심 송두리째 길 한복판에 버리고
질주해버린 뺑소니 차량
번호를 알 수 없었다
몽롱해진 하늘에 드리운 죽음의 그림자
기억할 수 있는 아아,
거칠게 불어 지나간 바람 한 줄기
섬뜩한 모습으로 어딘가 둥둥 떠가고
어슴푸레 젖어오는 마지막 숨소리
목격자를 잃고 비 맞은 전단지
오늘도 스스로 증언해 줄 아픔이
전신주에 전 혼자 매달려 젖고 있다.

김수원

징검다리문학회 회장, 2018년 참여문학문학상 수상, 시집 『사랑, 눈보라처럼』 외.

그대에게 가는 길

서울대병원 암병동에서
그대에게 가는 길이란 음악회가 열린다

피아노의 높은음자리에 맞춰
심전도 그래프에서 숨길이 되살아나듯
소프라노의 음역이 올라가고
삭발한 암환자들이 눈물을 훔친다

피아노 건반처럼 반음올림과 반음내림에
드높임과 겸손함으로 마음과 마음을 내주고
다정하게 곁과 곁을 이룬 사람들
서로 상처를 보듬은 화음을 이뤄
맑은 시냇물이 흐르는 청량한 소리로
아픈 몸과 고통에 찬 영혼을 씻는다

링거 바늘을 꽂고 머리에 쓴 두건이
한 송이 꽃으로 눈부시게 피어나듯
그대에게 가는 길이 그리 멀지 않다
홀로 선 해송의 푸른 슬픔
온종일 바라보는 바다는 적막하다

김순규

《창조문예》 시로 등단, 한국문인협회 회원, 건축사무소 상무.

태화강 십리대숲

청청한 푸른 꿈이 모여 사는 동네
저마다 탑을 쌓는 중이다
하늘에 닿기 위하여 자신을 깎아 세우고
섬돌 놓듯 한 단 한 마디를 제 몸 위에 놓는다
귀마루도 없이 상탑이나 하탑이나 비슷한 몸피
곧음을 위한 비움
끝에서도 채움이 없다
채움이 없으니 가볍고
가벼우니 버릴 것 또한 없는 것일까
거센 바람도 그를 어쩌지 못함은
맞서지 않고 흔들림이다
쇄아 쇄아 밤마다 욕심을 털어냄이다
나이테마저도 지우고
아침마다 갓 태어난 듯 푸른 손을 흔든다
날 맑아 햇살 고운 태화강 변
물빛을 가르고 튀어 오르는 숭어가
부러운 듯 대숲을 훔쳐보고 있다

김순희
국제펜한국본부 회원, 영랑문학상 본상 수상, 시집 『내 꿈은 숫자가 없다』 외.

누가 하늘 창을

글동무도 오시고
술동무도 오시게나
대접할 건 맑은 공기와
가슴을 흔들어대는 바람뿐일세

엄니의 매운 손맛 고들빼기 무침과 탁주가 술안주의 전부일세
쌉쓰름하지만 뒷끝이 달큰한 고들빼기를 맛보면 한세상 살다
가는 맛을 알 걸세

봄이면 두릅순도 제 맛이고
취나물 쇠시랑나물도 봄의 별미일세

밥상 위가 모두 초록 일색이지만 건강에는 최고라는 우리 엄니
말씀 그럴싸하다네

간혹 먼 사찰에서 들려오는 목어 소리가 고개를 넘고 구성진
불경 소리에 헐거워진 가슴도 조일 수 있으니 어서 오게나
글동무도 좋고
술동무도 좋고 어깨동무하던 옛 개구쟁이 동무들도 환영하네

김시은

생명존중 강사, 아태문인협회 이사, 문학상지도자상.

그래도 아름다워

거짓의 반대말은 진실인데
진실의 반대말은 거짓이 아니다

악한 자가 못생겼다면
못생긴 사람은 악한 자가 아니다

정말 내가 한 건 로맨슨데
네가 한 짓은 불륜이거든

외눈박이 세상은
늘 진실을 말하지 않는다

비정상이 정상인 세상을 살며
그래도 내일의 태양은 떠오른다

뉘엿뉘엿 석양에 물든 너와 나
축배의 잔이 신화가 되길

김애란

시인·수필가·여행취재작가, 황진이문학상 최우수상 수상, 시집 『하늘빛 닮은 원석으로』 외.

통일 비빔밥

평화의 다리
리본으로 간절히 묶여

철마는 달리지 못하고
녹슨 흉물로 사진 찍힌다

점심에 갖가지 생각
한마음으로 섞은 나물밥 먹으며

한반도의 두 마음
밥힘으로 비벼본다.

김영수

현) 대전문예대학장, 겨레시문학상 수상 외, 시집 『그리움이 꽃피는 뜨락』 외.

들꽃

한낮
햇살을 가슴에 안고
피어나는
꽃

산새 한 마리 날아와
산 내음 놓고 가고

들새 한 마리
날아와
실바람 놓고 가면

들에는
들꽃 한 송이
새처럼 울고 있다.

김영순

시인·수필가·소설가, 한국신문예문학회 사무국장, 제11회 하이데거문학상 수상, 한국국학진흥원 자료조사원.

대릉원 천마총에 묻다

어느 귀족의 죽음을 말하는가
금동신발, 금관, 옥띠, 비단금침
누가 보아도 귀족이요 황족이언만
현대인을 알 수 없어 애매하게 총이라 부른다

천마를 타고 천상을 넘나들던 그 위용
이 시대에 전하는 신라 천년의 이야기들
저리도 큰 금동신발을 신었을
그분은 뉘실까

버섯구름을 꿈꾸는 푸틴이었을까
벌컥벌컥 사진 찍는 이에게
천마총 주인이 속삭인다
영웅은 인류를 사랑하는 사람이다

김영천
목포문인협회 고문.

와락, 안아주시지 않아도 됩니다

손이 차갑다고 들이시다니요
괜찮습니다

마음을 주시듯
성큼 내미시어요

거친 손이면 어떻고
흙 묻은 손이면 어때요

먼저 다가와 환히 웃으시듯
살짜기 내밀기만 하세요

아, 당신의 온 우주가
실려 있는
보세요,
몸조차 손에 딸려 있는 것을요

김영희
한국문협독서진흥위원, 윌리엄 버틀러 예이츠문학상, 시집 『달의 입술』

빨래하는 바다

바다가 빨래를 한다
밤낮 쉼 없이 먼 길 오며
수천 번 목숨 건져
지친 어린 물
바다에 안기기까지
묻어온 세상 땟물
모래 위에 치대어 때를 빠는
모래사장은 바다의 빨래터
목이 터져라 소리치며 세상을 씻는
하얀 거품 뽀글뽀글
세상을 빨래하는 바다

김예숙

시인·시낭송가, 제16회 바다시인학교 백일장 차상, 해피포엠 사회자.

아름다운 곡선의 노래

연모하는 갈증에 물을 마시고
열정에 불을 지펴 한숨으로 빚어낸
그 누구도 흉내 낼 수 없는 청화백자
신비한 빛과 색
넘쳐흐르는 하얀 미소
날아갈 듯 사뿐히 내려앉는 학의 날개
지워진 사랑이 장인의 손에서 다시 태어났다
뭇 사내들의 눈길을 훔치는 길고 흰 목
흰 두루미의 우아함에
속앓이 이성들의 가슴은 쿵쾅댄다

고국의 흙을 밟을 수 없는 한 서린 날갯짓
타국의 흙으로 빚은 호리병의 탈출은
현해탄을 건너고 싶은 비련의 여인
두고 온 고향의 순정 여백에 숨기고
뜨거움 견디며 키운 열망
파란의 한숨 토하며 불나비로 뛰어들어
물안개 속에서 파랗게 피어난 자태
한 번쯤 안아보고 싶은 곡선의 명작

김완용

(사)한국공무원문학협회 회장, 국제펜대전지부문학상, 시집 『들녘에 부는 바람』 외.

적벽강 바람꽃

파도 왔다 가는 바닷가
층암절벽 돌 틈새
하얀 얼굴 내밀어 돋아나는
한 송이 꽃

시린 바람 안고
응달진 비알에 붙어 앉아
한겨울을 보내도 오지 않는 임
기다리며
분 냄새 바닷물에 적셔 날리는
적벽강 바람꽃

가슴 깊이 묻어 둔
기약 없는 사랑
스쳐가는 바람결에
살포시 꺼내어 놓고
가는 봄 아쉬워 눈물짓는
바람난 바람꽃.

김용언
한국현대시인협회 명예이사장, 시문학상 수상 외, 시집 『사막여행』 외.

길을 세우다

갔던 길과 가야 할 길이 모두 누워 있다
길에서 만난 사람들도 누워 있고
그 사람들과 나눈 끈적거리는 대화들도
누워 있다

왜 사는지 모르겠다는 생각 때문에
끊어버렸던 길, 그 길도 누워 있다

지금 나는 누워 있는 길을 세우기 위해
세상을 사랑하기로 했다
햇살 위에 빛나는 길
한때는 내가 나를 사랑했기에
빛나던 길이다

금가루 뿌리듯 조심스럽게
누워 있는 길
곧게 세우고
먼지를 쓸어낸다

김용옥

중앙대문인회 부회장, 현대시문학상 수상 외, 시집과 수필집 다수.

달이 울고 간다

잠 설치는 창가에 찾아온 창백한 달이
시린 겨울 찬바람에 홀로 떨었다

산 넘고 물 건너 사람 사는 동네에
그리워 그리워서 찾아와도
냉정한 아파트형 인간에게 안면몰수당하고
전신주 전선줄에 목이 걸리다 못해
창녀 같은 전등에게 진실을 빼앗겼다

오동나무 매화나무 잔가지에
시를 쓰고 또 써도
애간장을 실실이 풀어 천강지곡을 부르고 불러도
장감장감 발자국소리 알아채고
영창을 여는 이 하나 없었다
강산의 월광곡을 받아쓰는 이 하나 없었다

밤이면 저 홀로
달이
울고 간다

김용재
국제펜한국본부이사장, UPLI한국회장, Poetry Korea 발행인.

밤바다와 적막의 싸움터에서

그렇게 소리쳐도
듣는 이 없는 적막을
밤바다는 안다
그 적막에 기대어
나는 무서운 추위를 견디며
어둠의 냉정을 익힌다
잠자듯 마취된 세상을
운명으로 꼭 껴안고
침묵의 목을 치는
부리부리한 파도의 눈빛이
내 얼굴을 스친다
추위는 추위대로 기승을 부리고
밤바다와 적막의 싸움터에서
남이냐 북이냐
핵核이냐 사드THAAD냐
여당이냐 야당이냐
미국이냐 중국이냐
참 허술한 의식의 남루襤樓
무겁게 어깨에 걸친다

김운향

시인·문학박사, 한국작가교수회 상임이사, 농민문학상, 시집·소설집 다수.

텔레파시

마음의 안테나를 통해
흘러드는 고감도 주파수
그대 나를 부르는구나
언젠가는 우리도 사라지겠지만,
지금은 다가온 그대를 보듬어주라
서로 오랫동안 방황하다
비로소 찾았다
지난 것은 모두가 애틋한 추억일 뿐
세계의 조화는 무르익고
이제는 꽃을 피워야 할 때
인생의 황금기에 만난 우리,
서로에게 꿈을 안겨주어라
두 손을 맞잡으면 힘은 배가 되리니
크나큰 세계의 에너지를 모아
우주의 둥지를 짓자
우리의 생명을 잇자
천년화가 활짝 피고
불사조가 춤추는 이 시공에서
환희의 불꽃을 힘껏 몰아보자.

김원배

시인·소설가, 제3회 현대시문학상 수상 외, 저서 『디케의 진실』 외.

월미도

드넓게 펼쳐진 물결 위
고깃배 듬성듬성 떠 있고
창공에는 갈매기 떼 끼룩끼룩
소리 내며 한가롭게 날고 있다

기다랗게 펼쳐진
모노레일 위에는
예쁘게 치장한 바다 열차
거북이 마냥 미끄러져 가고

문화의 거리에는
다정스레 손을 잡은 연인들과
모처럼 나들이 나온 수많은 사람이
뒤엉켜 물결치고 있고

바닷가 방파제에는
아이들이 쏘아 올린 폭죽들이
굉음을 울리며 폭발하고
수평선 멀리에는 유람선이
행복 싣고 멀어져 가고 있다.

김월준

63년 조선일보 신춘문예 당선, 국제펜문학상, 현대불교문학상 등 수상, 시집 『검은 땅』 외.

나무들이 자라서 숲을 이룰 때

나를 버려야 내가 산다
청백리 오리 이원익 정승처럼

내 안에 있는 나를 없애는 게 나무我無다
나무들이 자라서 숲을 이룰 때

새들이 날아와 둥지를 틀고
예쁜 짐승들도 신나게 놀다 간다

어느 큰 나무가 말했지, 나무들이 무성해야
너도 살고 나도 살고 나라도 산다고!

김유제

시인·석공예가, 한국문협문학기념물조성위원회 위원장, 세종문학상 대상,
시집 『아침을 맞는 여자』 외.

가을 하늘에 떨어지는 말씀들

자세히 보아주세요

나 떨어져 죽는 것 아닙니다

푸른 낙엽
뒤접던 소나기 맨몸으로 맞으며

눈보라 속
흐린 눈 뜨고 견디어 낸

난달 막장 삶 칸칸이 밑줄 쳐

불그스름한 손편지 보내드리는 겁니다

김은수

한국문학문화선양위원회 부위원장, 한국현대시인협회 중앙위원, 은점시문학회 회장,
시집 『모래꽃의 꿈』 외.

살아있음에

늦은 저녁 그네를 탄다.

별도 달도
개구리, 소쩍새 휘파람새도

온몸으로 용을 쓰면
바람이 인다

이 한밤 모두가 바람을 내며
용쓰고 있다.

살아 있음에
모두들 그네를 탄다.

김재근

시인·수필가, 한국문인협회 회원, 시집 『형태소』 외, 수필집 『걸으며 생각하며』 외.

단풍의 잔상殘像

멀어져가는 시간 속
소실점에서
동여맨 옷을 벗고 있다

존재하는 이치를
깨닫는 순간의 젖은 생각들

아침 해처럼
생의 환희로 발화했다가
떠나야 할 때를
더 깊게 고뇌하는

스스로 그린 풍경화
단풍축제를
마지막 한 조각도 남김없이
울음으로 거두고

해탈의 길에 선
처연한 낙엽들

김재원

한국신문예문학회 부회장, 제11회 에스프리문학상 수상, 시집 『동화빛 세상』 외.

가을 바다

또 하나의 이별
담담하게 끌어안는 파도
애써 추억을 삼키는
조개껍데기

놓고 싶지 않은 사랑
작은 몽돌에 숨겨두고
소금 한 줌 가득 채우는
심연의 바다

한낮 뜨거운 햇빛에
시침 떼고 선팅하는
철없는 모래알은
찰랑이는 물빛을 거울삼네

김유조

국제펜한국본부 부이사장, 건국대학교 명예교수(부총장 역임), 김태길 수필문학상, 미국소설가협회 고문.

버지니아 울프의 단장短杖

버지니아 울프를 다시 만났다
단장을 통해 뉴욕 공립도서관에서

아이들은 겸손한 이름의 한국식당 버리고
이름난 스낵 집으로 가더니
타임스스퀘어 어디로 잠적했고
어른들만 도서관 보물기획전으로
후두둑 떨어진 잔비를 피하였다

셰익스피어 초기 극 대본과
흠정영역성서 초판본에 섞여
손잡이 꼬부랑한 그 단장이
템스강에 몸 던진 주인과 그때 헤어져
둥실 물결 위에 떠오른 듯하였다
내가 손잡이 꼬부라진 비닐우산을 대어 보았다

많은 여인들은 그냥 지나쳤다
시대를 앞서 남성 본위의 격랑을 헤치고
새 물길을 만든 향도를 지금은 상관없다는 듯

언제였던가 특별전 때 처음 보았던 단장
당시는 감동으로 허난설헌의 비녀와 견주었지
시간은 흐린 날처럼 감동도 기억도 흐리게 해

도서관 바깥은 살아있는 시간일까
조용히 넘실대는 이곳 시간은 멈춘 순간일까
아이들과 어른들의 시간이
그제야 흐린 날씨를 헤치고
만날 좌표를 카톡으로 잇는데
비스듬히 걸린 손잡이 굽은 그 단장이
물끄러미 시간을 지탱한다

김윤숭

지리산문학관장, 제11회시예술상 수상, 저서『지리산문학관 문창궁』외.

낙토

통한의 압록강
나는 그렇게 불렀다
압록강과 두만강 테두리에 갇힌
갇히게 한 역사와 민족이 싫었다
사대모화와 속국의식에 찌든 약소국
광개토대왕비도 발견하지 못한
국내성도 찾아내지 못한
부여 발해사도 무시한
간도땅조차도 되찾지 못한
다물이란 헛 구호조차 희미한
백제의 요서 큐슈 식민지를 외면한
반도사관의 민족사
진절머리가 났다
심양에서 연길행 고속열차
한민족은 한반도에
사는 게 살아가는 게 맞다
장수왕이 왜 광활한 만주벌판을 버려두고
평양으로 도읍을 옮겼을까 궁금했는데
만주들판을 달리며 느꼈다

만주를 지킨 만주족
산해관을 넘어 중원을 점령했다
만주를 벗어나고 싶었다면
청태종은 북경을 차지할 게 아니라
평양을 차지하고 만주를 지켜야 했다
그렇게 만주족은 사라졌다
장수왕의 지혜와 안목에 못 미친다
만주벌판의 기후와 풍토는
한반도와 다르다
한반도의 생기어린 기후와 풍토는
한민족의 체질과 생활리듬에 맞다
한반도는 산삼분자 가득한 공간
감로의 맛이 깃든
영기로운 낙토이다
나는 한민족으로
낙토인 한반도에 살련다

김종상
1960년 서울신문 신춘문예 당선, 대한민국문학상 외, 동시집 『흙손 엄마』 외.

한글나라 좋은 나라

'가가가' 울며 살던 일본의 개구리도
우리 땅에 들어오면 '개굴개굴' 노래하고
'콕커르 두둘두'하던 미국 닭도 '꼬끼오'한다
서양의 '크로바'도 한글로는 '토끼풀'이고
'푸라탄'도 이 땅에 들어와 살고부터는
가슴에 '버짐나무'란 이름표를 달았다
한글나라 좋은 나라 우리 하늘 아래서는
들에 사는 뭇짐승과 멧새들은 물론이고
풀숲의 벌레들까지 한글말로 지저귄다.

김종회
문학평론가·시인·경희대교수·황순원문학촌 소나기마을 촌장, 김달진문학상 외,
평론집 『문학과 예술혼』 외.

하늘 연못

겨울나무 팔 벌려 구름과 손잡고

하늘 가운데 푸른 연못 만들다

차고 시린 것이 이렇게 포근하다니

김종희

'82~3년《시문학》등단, 연세대학 영문과 졸업, 한국문협마포지부 고문, 세계시문학상,
시집『이 세상끝날까지』외.

생명

햇볕이 환한 봄날 금빛 잔디밭에
엎드려 졸고 있는 갈색 고양이 등허리에서
앞발을 내밀며 나온 흰 고양이
뒤이어 따라 나온 검은 고양이
둘이서 눈에 불을 켜고 겨루더니
감쪽같이 사라졌다
다시 흰 고양이가 보이고
뒤이어 검은 고양이가 보였다
또 흰 고양이 뒤이어 검은 고양이
또 흰 고양이 검은 고양이
둘이 엉겨 붙어 엎치락뒤치락
나타났다 사라졌다 들어갔다 나왔다
끊임없이 소란피우며 격투를 벌이는데
모로 누워 있는 갈색고양이
네 발 쭉 펴고 깊은 잠에 빠졌다

김진환

《문학과 창작》 신인상으로 등단, 인사동시인협회 이사, 원불교 공모전 동화 당선,
시집 『어리연꽃 피어나다』

웃비

골을 타고 달려가는 네댓 무리의 흔들바람
그 바람 비탈 아래 겨우 한 뼘 싹을 틔운
사백 평 옥수수밭
후드득대는 웃비에 바르르 떨다가
이내 고개 쳐들고 머리를 털고 있다
여기저기에서 자지러지는 군더더기 잡풀
오동 잎새 아래 숨어 눈만 끔벅이는 쑥새
나뭇가지를 타고 오르던 날다람쥐와
땅을 박차는 꼽등이까지 그만 바빠지고 만다
잠시 숨을 돌리는가 싶더니
다시 살아나 한바탕 내리퍼붓는 웃비
가까이서 기웃대던 민얼굴의 골바람을
거침없이 낚아챈 채
밭고랑 긴 빗장을 풀어헤친 채
기어이 털어내듯 솎아내듯
밑으로 밑으로 등 떠밀어내고 있다

김태룡

부천대학겸임교수 역임, 한국농민문학회 심의의장, 단국문학상 수상, 시집 『망각의 계단』 외.

미학美學의 변

엊그제 외박을 하고
서둘러 귀가한 잡놈 옆에
잘났다고 떠들어대는 잡년들
모두는 종이 한 장 차이의 기준
차 안은 온통
미사여구의 무질서

목적지에 도착한 시간
조용해진 차 안은
허허로운 세월의
푸념들이 흘러갔고

차창에 비친
긴 그림자 위에
빠알간 노을빛
허무로 스러지고 있었다

김태형

제10회 한국신문예문학상 대상 수상, 월파문학상 평론부문 본상 수상,
저서 『윤치호 선배를 기리며』

백수 부부

수선화 만개한 뜨락
동백꽃 지자 자목련 봉오리 튼다
꽃밭 가꾸는 아내 봄비에 젖는다

달빛 드리운 서재
쓰다만 시편들 꽃봉오리 벙글고 있다
별빛 시어詩語 가꾸는 나 꿈에 젖는다

김현숙

이화여대 영문과 졸업, 윤동주문학상 수상, 시집 『물이 켜는 시간의 빛』 외.

백련

얼핏 들떠 보이나요
하긴 무릎에 늘 물살을 얹고
살아가야 하니까요
이리저리 밀리지 않고는
여린 몸을 버티는 정신의 등燈 하나 달아맬 수 있나요
달처럼 맘껏 구름을 차내며 환해지고 싶죠
그나마 한 해 사흘은 휜다면서요
저절로 불이 들어와
무명의 몸 밖으로 빠져나올 그때거든요

한 번만이라도 회산 방죽으로 나오세요
대명천지를 더 밝히는 불빛이 물에서 뭍으로 오르죠
칠월에서 구월까지 길이 이어지는데
길 다 두고 남 따라 포개어 걷는 연잎의 짙푸른 어둠
몇 길 물밑 허공을 밟고 선 꽃의 찬 이마
그 어디쯤 덜컥 오욕칠정의 붉은 고뇌도 갇혀 있어요

무심한 듯 바람이 밀고 가죠
흰 빛을
멀리 갈수록 맑디맑게 개이는 …

김행숙

현대시인협회 회원, 미당시맥상 수상 외, 시집 『적막한 손』 외.

어둠에 대하여

때로 어둠은 들뜬 세상도
가라앉혀 주곤 하지
이글대던 해 서산마루 넘어가고
천천히 노을이 물들면
모두들 돌아갈 고향 생각에 잠기지

그러나 어둠에 길들면
세상을 다시 보는
깊은 눈도 생기게 된다는데

내 가까이로 가라앉는 숨결
다소곳이 땋은 두 손 내밀어
힘겨웠던 날들 땀방울을 씻어주지

어둠은 하루치 빛을 키우는 시간
발밑의 눅눅한 그림자
슬픈 죄와 고통일지라도
바다처럼 품어주는 가슴 같은 것
적적할 때 기대는 어깨 같은 것

김후란

《문학의집서울》이사장, 대한민국예술원 회원, 제25회 공초문학상 수상 외,
시집 『그 섬에 가고 싶다』 외.

박물관에서

오래된 유물이
박물관 유리벽 안에서
흔들린다
그 옛날
누군가의 손으로 살려낸
부드러운 선
잦아든 숨결
가슴으로 속삭이는
예민한 흔들림에 이끌려
들여다보고 꿰뚫어 보고
말없이 대화를 나누며
이름 모를 장인의
높은 길에 다가선다
오늘
그대도 나를 보고 있는가
떨리는 내 숨결 느끼는가

김훈동

국제펜한국본부 자문위원, 수원 예총 회장, 한국농민문학상 수상, 시집 『틈이 날 살렸다』 외.

서문

서문序文은
글 향내 서서히 풍기는 현관이다
미로처럼 얽힌 실타래 풀고
숨은 진주 찾아가기 위해 나선 이의 숨결이
파문波文 이룬다

서문은
누군가 열어주길 기다리는 창窓이다
반가운 이가 조곤조곤
두드리며
사분댄다

서문은
이야기가 함몰된 책의 작은 우주다
일렁이는 큰 물살 작은 물살에
뼈대가 보이며
입을 열어 말한다

"어떻게 받아들여 줬으면 좋겠는지를"
이야기가 시작되는 첫머리
오늘도 촉수 밝은 등불이 켜진다

김하영

국제펜한국본부 이사, 제24회영랑문학상 외, 시집 『보리밭 바람에 일렁이며』 외.

낡은 의자

요양원 뜰앞에 나와 앉은 의자가
가을을 생각한다
지나온 봄 여름이 미동도 하지 않고 밤하늘 별을 본다
별 하나가 하늘 복판에 시선을 그리더니
서쪽 하늘로 사라진다

산비탈 호젓한 요양원엔 지나온 삶을 반추하는
수많은 얼굴들이 항해를 멈춘 폐선처럼 일어서지 못한다
환생은 늘 마음속에 있었다
어딘가에서는 꺼져가는 모닥불
마지막 숨을 고를 것이라고 어둠이 중얼거린다
적막이 감도는 생의 골짜기에는 낙엽들이 떠나고
10촉 전구가 낡은 의자를 위로하면
요양원의 기침이 콜록인다
잠 못 이루는 새들이 내려와
어둠의 모서리를 쪼다가 갈 뿐…

옆에선 아름드리 고목이 처음이자 마지막이라며
어둠에 짓눌린 낡은 의자의 어깨 어루만지면
한 줄기 바람은 밤새 내내 서러워지고 시간은
자꾸만 겨울로 달려간다 아직 일몰이 아름다운 것은
요양원 낡은 의자가 있기 때문이다

김한진

시인·수필가·문학평론가, 연세대정외과·행정학박사, 시집 『삶이 뭐길래』

너와 나는 서로 버팀목

서초대로 한복판에 홀로 서 있는
몸통이 기울어진
천년 묵은 늙은 향나무
강풍에 쓰러질라
통통한 버팀목 세워 놓고

서리풀공원 새 단장 한다고 심어
애지중지 키우는 어린 소나무엔
솔바람에도 부러질라
여린 버팀목 세워 놓고
한껏 떠받치게 한다.

튼튼하다고 잘려나간 낙엽송
한 몸 바쳐 살아있는 나무
버팀목 되어주는 슬기로운
너의 삶
너무나 좋아 보인다.

나무도 그러하듯 나 홀로
살아가기엔 너무나 힘든 세상

너는 나의 버팀목이 되고
나는 너의 버팀목 되어주면

세상에 이보다 더 좋은 삶이
어디 있으랴.

김현숙 수영

국제펜 한국본부 회원, 한올문학가협회 사무차장, 황금찬문학상 본상, 시집『에로스』외.

연리지

그 나무는 속이 텅 빈 채로
300년을 버텨 온 거야
속이 비었다는 것은 영양분도 빠지고
속살도 다 말라버렸다는 거지
300년 가까이 껴안고 살았다는 것은
쉬운 일이 아니겠지

커피숍에 오는 사람들은
꼭 연리지를 둘러보고 가지
물기가 마르고 핏기마저 가셔버렸지만
품위를 지키는 것은 연륜이지

나이가 들고 병약해서
내 몸 하나 건사하기 힘들어지면
나도 저 연리지처럼 당신에게 기대고
이 험한 세상에 꿋꿋하게 서 있을까

머뭇머뭇 뒷걸음질을 치며
앙상한 가지를 바라보지
그래, 산다는 것은 서로 의지하는 거지
저 가지 사이로 보이는 하늘을 봐
이렇게 서로를 품고 있는 우리를
따듯하게 바라보고 있잖아

김희님
《부산시인》편집차장, 부산문학상 수상, 시집 『안부』 외.

신호등

길을 걷다가 그리움의 정체가 궁금해졌다
기쁨인지 슬픔인지
문득 신호등 건너에 서 있는]
무표정한 행인을 붙잡고 당신은 왜
그리움 없이 사느냐고 묻고 싶었다
나뭇가지도 누구를 향해 뻗어가는데
나의 발걸음은
어디를 지향해서 가고 있는지
쓸쓸해진다

나의 힘이 다하는 날
거기까지 밀어 올릴 그리움의 모습
오늘 길 위에서 새삼 그립다
녹색과 적색의 사이에서
갈등을 부추기는
시간과 공간의 아쉬운 명멸이다
이 길을 건너지 않고 기다리면
내 마음이 어디로 닿게 되는 것인지
신호등 앞에서 묻고 싶어진다.

나태주

1971년 서울신문 신춘문예 당선, 정지용문학상 수상, 시집 『풀꽃』 외.

풀꽃

자세히 보아야
예쁘다

오래 보아야
사랑스럽다

너도 그렇다

나호열

도봉문화원 도봉학연구소장, 한국탁본자료관 관장, 시집 『눈물이 시키는 일』 외,

I −It

오늘도 그가 왔다
굳은 표정과 열쇠가 없는 침묵으로
말을 거는 그에게
오히려 나는 할 말이 없다
낯이 익은 탓인지
온갖 비밀로 가득 찼던 몸을
기꺼이 내게 열어주지만
그는 언제나 나에게는 삼인칭의 이름
찬란했던 봄이 가고
딱딱한 눈물이 남는 나무처럼
부드러운 나의 손길에도
깊은 나이테를 보여주지 않는다
잘 가라
다시 만난 일은 없을 터이니
나는 다시 또 다른 그를 기다릴 뿐
슬퍼할 겨를이 없다
우수수 떨어지는 낙엽들
장의葬儀의 나날들

남경희

한국문협·부산문협 회원, 국보문학 청솔문학상 최우수상 수상. 시집 『수레국화』 외.

잠 못 드는 밤

밤은 깊어가고
나는 잠들지 못한 칠흑의 밤
건초더미 속에 던져진 마른 풀 같은 나의 꿈

새벽은 향기를 내며 어둠을 걷는데
군불 땐 방에는
뒤집기로 열두 번 삶이 뜨겁다

푸르스름히 비치는 세상이
완자창으로 스며오는 새벽
누구의 발자국 소리인가

새들은 목청을 숨기고
봄의 전령사 깊이 잠든 밤
나에게 오지 않는 낯선 밤이여!

김황곤

2010년《한울문학》등단, 대한문학상 수상, 시집 『천길 돌비 하나 새기며』

해변학교에서는

땅끝마을 푸른 바다는
날마다 금모래 밭에
하늘어린이학교를 연다

저 아스라한 푸른 바다
등줄기 타고
무지개 꿈속 달리려는 자는
누구나 학생이 된다

금모래 밭에
꽃과 나비, 꿈나무도 그리고
길고 깊은 발자국도 높은 모래성도 쌓고
푸른 바다 고래 되어 물장구를 친다

흑암의 물결 밀리고 밀리는 땅끝에서
산더미 폭풍우 뚫고 나는 홀로서기와
백릿길 발자국마다 쌓인 땀의 산성을
한물에 지우고 헐어버리는
눈물 어린 빈 마음
가슴마다 하늘 휘감는
보랏빛 눈물 번진다

아장아장 걸어도
흑발과 백발로 단장하여도
이 마을 찾아든 이들은
모두가 동화 속 어린이

땅끝마을 푸른 바다는
날마다 금모래 밭에
보랏빛 하늘을 편다펼친다

남현우

명예철학박사, 제2회 하유상문학상 수상, 시집 『우리로 가는 길』

오월의 산야

꽃잎 떠난 자리에
파릇이 피어나는
여린 새싹들

흐르는 시냇물 소리에
마음도 맑아라

바람을 벗 삼아
흰구름 떠난 자리
하늘도 푸르러

산새들 짝을 찾아
새살림 준비하면

난, 오월의 산야처럼
새의 등에 올라
높이 높이 날고 싶어라

류영환

충남 홍성, 2016년 대한민국예술인협회《청일문학》시 등단,
저서 『나도 바람이고 싶다』 외.

낙타의 눈물

이른 아침
한껏 상기된 마음으로
샹화원 사막으로 달려갔다

보이는 건 불에 달궈진
노란 모래 위의 놀이시설과
낙타

물에 빠져 축 늘어져
모든 것을 포기한 생명
낙타의 안장에 앉아있는
사람들의 웃음소리뿐이었다

나는 보았다
원망스러운 눈초리를
그리고
낙타의 눈물이 고여 있는
오아시스로 보이는…

맹숙영
서울 출생, 창조문학 등단, 시집 『햇살 월계관』 외 9권.

구름역 환승

잠깐 생각이 아웃 오브 오더에 걸렸다
새 신으로 바꾸어 신고 나온 잘못이다
베르나르 베르베르의 신작 '꿀벌의 예언'
나왔다기에 서점에 가려고 급하게 서둘렀다
'참을 수 없는 존재의 가벼움'*으로 인한
자신의 행동에 더 이상은 안 돼
환한 구름역에서 급히 내렸다
모세혈관까지 부풀어오른 발을 쉬는 동안
안드로메다행 열차 도착
AI 챗봇 GPT시대 무작정 올라탔다
내가 은하철도 999열차에
탑승했다는 사실을 그제야 알았다
물고기 몇 마리만이 물 없는 칸에서 놀고 있다
열차는 달린다 지구로부터 이백 광년이나
멀리 날아가고 있는 것일까
해는 구름 속으로 들고 기차는 어느새 은하를 덮고
시간 속으로 날아가듯 쾌속 질주하고 있다
인생도 따라가며 달린다
어디까지일까 헉헉 숨이 차다

*밀란 쿤데라의 저서명

모상철

한국문예춘추 부회장, 신문예문학상 최우수상 외, 시집 『3분의1 언저리의 흥얼거림』

공허한 하늘의 수사학

믿음이 깨어져 허공에 날리고
바람이 불어와 진실마저 흩어진다

공허한 공간에 떠도는 마음
날아가 버리면 가슴속에 간직한
사랑마저 갈 곳을 잃는다

파란 하늘에 한점 머문 구름
불볕을 뿜어대는 태양의 입술

하늘 저편에서 불어오는
한점 바람의 미소
내 안의 불꽃 허공에 피운다

노유정

한국문협·부산문협 회원, 국보문학 청솔문학상 최우수상 수상. 시집 『수레국화』 외.

별이 우는 산장

조국의 님들이 보라색 가운 입고
록키산맥 맘모스 산장을 물들이던 날
산장도 목이 메어 반갑다 말조차 못한다
우리 민족 문학이 쇳덩이를 녹이는 소리
용광로보다 더 뜨거웠던 그날의 문학 캠프
달과 별들도 아름다운 해후에 박수친다

어린 날 꿈처럼 여름 하늘 별들이
추억같이 우리들 발길에 쏟아져 내릴 때
구르몽의 낙엽인 듯 별을 밟고 걸었다
오솔길 걸어갈 때 산장 캠프의 수호신
금전잎 닮은 은사시나무들의 춤사위 보았는가
산장으로 내려오던 곰 가족도 조용히 눈치 보던 밤

이국의 악조건 속에서도
모국어를 놓지 않으려는 한인들의 몸부림
한국에서 오신 거목 시인님 열다섯 분과
늘 고향이 목마르던 미국 문학인 서른다섯 분들
50인 지성이 맘모스 캠프에 꿀벌처럼 모였다

뉴욕에서도 캐나다에서도
고국의 숨결이 그리워 단숨에 달려오니
록키산맥 마저 감동해버린 산장의 축제의 날
오색 풍선들은 창가에 걸려 낭만을 연출하고
우정의 머플러 목에 두른 채 도란도란 익어 가는 밤

이 밤이 가면 다가올 서러운 작별아
이별의 아쉬움에 잠들지 못한 꽃나무들아
민족의 별들이 이 산장 곳곳에 발자국 남기니
문학 캠프의 그리운 바퀴는 영원으로 달린다
아, 은하계까지 적시는 우리 민족 혼불
모질고도 사무치게 그리운 고향
그 숨결에
별들도 울고 가는 산장의 밤이여

문봉선

동국대대학원 문예창작학과 석사, 율목문학상 수상, 과천시의회 의장 엮임, 시집 『하늘눈물』 외.

내 안에 흐르는

내 피는 맑지 않아
가끔 눈두덩 파르르 떨리고
손발 저려.
불꽃바늘 스치면
채송화꽃 울어.
내 피는 맑지 않아
오만 오욕 뒤끓고
불꽃바늘 마주하면
바알갛게 채송화꽃이 동동 떠

내 사랑
온전히 흐르지 못해
흐르다 명치께 깊이 박혀.
가시바람 머리끝 오를 때
체기 앉히려 마음 버릴 때도
온전히 흐를까 싶어.
아래위로 위아래로
우둘투둘 문질러도 봐.
봄이 아니어도
온몸 불봉숭아빛 붉어.

문용주

시산문학작가회 회장, 참살림수련원 원장, 아태문인협회 자문위원.

삶터

신비로운 비췻빛 청자를 탐닉하다
도자기 색 속에 갇혔구나

어두운 옹기 속에 사니
달군 가마에서 빠져나오지를 못하네

저마다 있는 청자
언제나 땔 수 있는 가마
어디에나 널려 있는 장작인데

도자기를 깨지 못하니
마을을 떠나지 못하는구나

맹태영

아태문인협회 부이사장, 제2회하유상문학상 수상. 시집 『5월의 당신께』 외.

참나리꽃

염불 소리를 따라
가파른 언덕을 오르면
우거진 숲속에
작은 암자가 삽니다

비쩍 마른 스님
등 굽은 공양주
누렁이 한 마리가
그 집 가족이고

처마 끝 풍경
염불하는 스피커
이끼 낀 석재 불전함이
그 집 재산입니다

대웅전 열린 어간 앞
칠월 땡볕에 늘어선
한 무리 신도들

흔들리는 마음을 곧추세우며
염불 바람에 거뭇거뭇
묶은 업장을 벗겨냅니다

황금색 얼굴에
송송 맺힌 검은 땀방울
참나리꽃

문정희
고려대학교 문창과 교수, 제8회 목월문학상 수상 외, 시집 『불면』 외.

저녁별처럼

기도는 하늘의 소리를 듣는 것이라
저기 홀로 서서
제 자리 지키는 나무들처럼

기도는 땅의 소리를 듣는 것이라
저기 흙 속에
입술 내밀고 일어서는 초록들처럼

땅에다
이마를 겸허히 묻고
숨을 죽인 바위들처럼

기도는
간절한 발걸음으로
한 번도 가보지 못한
깊고 편안한 곳으로 걸어가는 것이다
저녁별처럼.

문효치

1966년 서울신문과 한국일보 신춘문예 당선, 정지용문학상, 시집 『무령왕의 나무새』 외.

이야기하는 무덤

그만 자고 일어날까

곧 생명으로 태어날 잠들이
햇빛을 떼어 내고
몸에 바르면서

수런수런 이야기할 때마다
무덤은 뚜껑을 들썩거리면서
일렁이는 아지랑이를 뿜어냈다

아지랑이 속에서
또 말했다

다 쓰고 또 남은 잠이
아까워서 눈을 뜰 수 없으이

민용태

고려대 명예교수, 스페인 왕립한림원 위원, 스페인마차도문학상 수상, 시집 『나무 나비 나라』 외.

가자 나와 나

일상은
직설법 현재
입은 명령형이다

시간은 비오는
거리의 수채화, 그림은 흘러간다
속눈썹에는 그리움 주렁주렁

어제는 없고
내일은 멀고
오늘은 흐리다

수채화는 수채통으로
시는 시방 여기!

박경임

《세명일보》시 우수상, 한국문인협회 회원, 서울문학·한국산문 이사, 공인중개사 대표.

블럭 쌓기

하늘 가까이 닿고 싶어
123층 타워에 올랐다
하늘에서 내려다보니
발 아래는
블럭으로 만든 장난감 세상이다

손을 뻗어
아파트 한 동쯤 내게로 옮겨도 될 듯하다
자동차는 정체된 거리에서
충혈된 눈을 깜빡인다
먹이를 찾는 개미처럼 사람들은
도시의 지하로 사라지기도 한다

높이 오르니 세상은 작아져서
그 작게 꼬물거리는 것들에 미소가 지어진다
내가 갖고 싶은 블럭을 찾아 저곳에서
울고 웃던 시간이 허허롭다
어린아이의 행동을 읽어내는 어른처럼
높은 곳에서 내려다본 세상은
참 쉬워 보였다

박기임

한국문인협회상벌제도위원, 창조문학 부회장, 시집 『내 사랑 영원히』 외.

통일

해도 하나
달도 하나
우리의 두 동강난 상처

부모 형제 그리워
한 많은 삶
헤어져 애달픈 가슴

해야 솟아올라라
햇살 그네 타고

무궁화 동산에서
남과 북 하나 되어

자손만대 길이길이
이 땅을 지키면 좋겠네

박길동

시인·수필가·심리상담사, 인사동시인협회 부회장, 시집 『밤나무 집 도령』 외.

뒷동산

태산준령만이 명산은 아니다
백년해로를 다 하시고 천수를 다하신
부모님은 산이 되셨다

언제든 그리우면 찾아오라고
살다가 살다가 고단하면 찾아오라고
내가 사는 집 가까운 뒷동산이 되셨다

살아생전 모습 그대로
부드러운 금잔디 깔아 놓으시고
넓다란 품 안으로 안아주시는
그 우주 속에 살고 있는 나

그곳은 늘 둥지를 감싸고 우뚝 솟아있어
자손들의 건강과 안녕을 보살펴 주는
정겨운 우리들의 큰 산이다

박경희

한국현대시협 이사, 문학상 수상, 시집 『하늘을 바라보면 배가 고프다』

하늘을 바라보면 배가 고프다

뜨거운 태양 아래 까맣게 탄 허기가 있다
거미발 같은 손을 뻗어 허공에서
메마르게 흔들리는,
일곱 해를 살았어도 키가 모자라
까치발로 발레 중이다
커피나무에 매달린 맑은 눈망울
한 끼의 허기를 태양에서 찾아
붉은 열매 한웅큼 움켜쥔다.

내일을 붙잡기 위해 아침부터
살갗 벗겨지도록 흘린 땀이
소금알갱이 되도록
온몸 절인 염장의 시간이 녹고 있다
허공에 흐르는 휘몰이 바람만
허기진 채 언덕을 기어오르고
하늘은 멀리서 푸르기만 하다

반짝이는 하얀 커피잔 속의 검은 향기는
오래전부터 악마와 악수한 손,
연하고 쫄깃한 포만감이 아니라
말랑하고 따뜻한 빵 한 조각의 시간이다

저녁노을에 물드는 하루치 목숨을 부여잡고
오늘도 허공만 응시하는데,
대답해다오, 하늘이여
모진 운명이여
누가 이 누더기 세상을 구해 줄 것인가?
푸르고 큰 눈으로 내려다보는
잔인한 이여,

하늘을 바라보면 배가 고프다.

박민정

시인·시낭송가, 한국문협70년사 편집위원, 신문예문학회 지도위원, 인사동시협 회원,
시집『기억 속에 피는 꽃』

가시에 찔린 꽃

한여름 삼복 중에도
아버지의 냉대는 동지섣달이다
하루에도 몇 번씩 가슴을 치며
아버지 있는 곳을 바라볼 때마다
혼나간 울음을 남몰래 삼키곤 했다
어리고 여린 꽃에 꽂은 가시
아버지의 가시가 딸을 아프게 한다
울다 울다 눈물에 다시 베어져
쓰라린 붉은 선혈 토하며 쓰러져도
눈길 한번 주지 않던 공학박사 아버지
가시는 심장 깊은 곳에서 곪아간다
뽑자 뽑아내자
아버지의 가시를 뽑아내야
슬픔이 멈출 것이다
죽는 날까지 가슴 한 귀퉁이에
어머니의 자리만 남겨 두고
아버지는 가슴에서 깨끗이 지워버리자
잔인한 성차별 바뀌지 않는
어른의 횡포 잊지 않으리라
마지막 뽑히지 않는 가시 하나는
삶의 주춧돌로 남겨두고

박별

충북시인협회 청주지회장, 제26회 한국문인상 수상 외, 시집 『내가 만일 시인이라면』

어머니의 길

아흔다섯 어머니
헐렁한 기저귀 갈아드리다
아랫도리를 보았다

이젠 낡은 새집처럼
마르고 고요한 그곳

아버지 수없이 받아들여
팔 남매를 내보낸 거룩한 성전

아 위대한 여인이여
어머니라는 사람이여

마른 기저귀로 다시 가리는
어머니의 고된 시간
어머니 왠지 눈도 뜨지 않네

어머니 사랑합니다
내 가슴 마를 때까지

박두익

한맥문학가협회 이사, 사)사회정의실현시민연대 사실문학 대표, 제27회행정고등고시합격.
(6.3시위로 임용탈락)

침묵

훤출한 키 작달막한 키들이
제각기 허리춤을 치키고
마치 톱니바퀴처럼
미묘한 모습을 하고
서로 물고 돌아가고 있다

어느 화가의 캔버스엔
쥐빛 범벅의 선이 좍좍 그려지고
축복된 골짜기로부터의
장중한 울림은
그대로 생명이 아닌가?

나의 감각을 자각하는
천한 슬픔이
친근한 우정이
천지의 절묘한 힘이
나의 입을 굳게 다물게 한다

입술 사이로 흘러나오는
지극한 언어들은
무의미한 것이 되고
지금은 담담한 심정이다

박병기

시인·시낭송가·동화구연가, 전국시낭송대회 대상, 보육교사1급자격증,
유튜브〈박병기영상스케치〉운영.

하모리 바다

제주 대정 오일장 옆에
하모리 바다가 있다
장 보는 사람들은 바다도 함께 본다
하모리 바다는 하얀 웃음으로
오일장 풍경을 바라본다
장바구니를 채운 사람들은
시원한 바다와 해변을 둘러본다
멀리 가파도가 가오리처럼
나지막하게 누워 있고
노란 해바라기밭은 한폭의 수채화다
오일장의 열기는 식어 가고
바다는 큰 붓으로 물감을 찍어
노을 한 올 한 올 그림을 그린다
은빛으로 반짝이는 바다
해안가로 돌고래가 파도를 가르며 다가온다
너울너울 춤을 추는 물고기 떼
나는 어느새 바다 위를 날으는
한 마리 작은 새가 된다
환하게 웃는 하모리 바다는
녹슨 마음 씻어주는 생명의 바다다

박복영

2014년 《경남신문》 신춘문예 당선, 천강문학상 대상 수상, 시집 『낙타와 밥그릇』 외.

국수 뽑는 집

파란 양철지붕 수선집.
그 집에 가면 여자는 드르륵,
미싱 페달을 밟아 소나기 면발을 뽑지. 먹구름 반죽을
늘리듯 옷 주름을 늘려 면발을 뽑지, 드르륵드르륵,
소나기 소리를 내며 쏟아지는 면발은 말리지 않아도
되지, 물비린내를 풍기며 굵어지는 면발에선 몽골에서
온 바람 소리가 나지. 바다로 간 삼촌의 땀 냄새 같은
그리움으로 육수를 끓이면 게르의 매운 불맛이 나지.
끝내 잊을 수 없어 면발을 뒤적이는 저녁, 여자는 설운
생 밟아 뽑은 쫄깃한 면발을 끝내 삼키지 못하지. 저
긴 면발을 따라가면 먹구름의 비밀을 알 수 있을까
돌아오지 않는 삼촌을 잊을 수 없어 그 집에 가면 애
호박 고명 같은 여자의 계집아이가 있지.

박석현
한국문협·한국현대시협 회원, 계간문예작가상 수상, 시집 『시공의 경계를 넘나들며』 외.

이태원 참사를 보고

어서, 차라리 지워버려라
하늘이 운다
친구, 친족도 없는 거리에 네온불만 휘청거린다
세상이 풍족해지니 어린 어른들만 판을 친다
세상살이 지겨워 귀신 놀이하다가
진짜 귀신들의 아우성이 골목을 누빈다
나만 즐겨 찾던 것들이
잘못은 나라 탓만 하고
제 잘났다고 날뛰니
떼거리들의 중우衆愚 정치가 판을 친다
언제 네 부모들이
할아버지 할머니들이 있었던가
찢어지는 가난에서
죽을힘을 다해 세운 나라
혼백들이시여
굽어 살펴주시지요
이 어리석은 피붙이들을!

박숙자

동작문인협회 사무국장, 황금찬문학상 대상, 시집 『봄 한 바구니 사 들고』

가로등

텅 빈 거리에
외로이 홀로 서서
눈부시게 불꽃을 피워
어둠을 밝히는 너

깊어가는 밤
외롭지 않느냐며
친구해 주려하지만

아니야
나는 사랑의 길을
환하게 인도하니 행복해
오직 그대들이 무사하길 바랄 뿐

시린 밤 대가 없이
묵묵히 최선을 다하는 삶
이타의 정신 배우고 싶다

박연희

창원문인협회 회원, 전국꽃시영축문학상 우수상, 시집 『내 마음의 풍경』 외.

비움과 채움이란

하얀 캔버스에 시간만 수북하게 그린다
생각을 쏟아부어도 구도는 나오지 않고
엉뚱한 생각만 크게 자리하니
마음을 비워야 할까, 세월을 담아야 할까

저만치 밀쳐놓은
상념이 일상 놀음이란 단어를 끌고
살그머니 내 곁에 놓는다
생각은 제 자리서 따라가지 못해
서성이며 안타까움만 수북이

헝클어진 생각을 모아 처음인 듯
새로운 각오로 가라앉은 생각을 비워가며
움직이는 마음으로 꿈을 꾼다

비움과 채움의 공식을 찾지 못하면
오랜 시간 이럴 것이다

박영대

국제펜조직운영위원장, 서울미래예술협회 수석이사, 블로그 〈아리산방〉 운영자.

샛강의 우수

짧은 오리는 수심에서 놀고
긴 두루미는 강가를 거닌다
빌딩은 밤을 태우려 입술 붉게 바르고
잔디는 강물 옆에 누워서 자박자박
가냘픈 몸으로 시대를 때우고 있다

본류에서 벗어난 그들의 소리는 들리지 않는가
부끄러운 체면 깎이는 사회면 잡동사니
억지로 출렁이는 다급한 구급소리
굶어도 잠수하지 않는 목이 긴 자존심
틈새로 비친 불빛은 거꾸로 비친 도시를 되새김하고 있다

위리안치된 갯뻘들의 설정 구역
하고 싶은 말 꾹 참으며

박영애

(사)SAK 동화교육예술학회 회장, 한국서울유네스코 이사. 문학상 수상.

아버지

나의 어린 시절은 아버지 부재로 인해
맘 상해 본 적 없었다
친구 따라간 교회에서 알게 되었지
예수님도 아버지 없이 태어났다는 걸 말이다

학교 다니면서 친구가 아버지 손 잡고
집으로 들어가는 걸 보고
처음으로 부럽다는 생각이 들었다
외로움을 처음 경험한 날이다

그 후
먼 곳에 사는 친척이
빠트리고 간
남자 바지가 나의 보물 1호가 되었다

친구가 집에 온다는 날엔
벽에 어른 바지가 걸려져 있었다
벽에 걸린 바지는 아버지였고
나의 자존심이었으며
나만 아는 비밀 1호였다

박재분

국문협·음성문협 회원, 충북여성문학상 수상, 시집 『즐거운 수다』 외.

목발

주민센터 공원 나무의자에
낡은 목발 하나 비스듬히 기대어 쉬고 있다
누군가의 겨드랑이 밑으로 제
몸을 디밀고 다녔을
목발은 절뚝이는 다리와 신음을 내려놓고
의자의 괴로움에 저를 기댄다
의자는 앉은 채로 마음이 글썽해져서
목발의 슬픔을 토닥이느라 서로가
서로를 이심전심으로 들여다보며
목을 놓아 쉬고 있다

박종대

시인·영문번역가, 신문예문학회 자문위원, 인류문학상 최우수상, 시집 『너랑 나랑』 외.

촛불의 향

밀폐된 공간 촛불 흔들림은
바람 들어설까
사르는 불꽃 힘일까
그것도 아니면
엄청난 잡념들 술렁임 때문일까

촛불은 조용히 태우고 싶어도
가만두지 않는 것
그런 것들이
나를 귀찮게 하고
단련도 시키니

그 길을 가는 것 삶의 보람이고
흔들거리는 건 역경일 뿐
참고 이겨내면 그 나름대로의
아름다운 향기가 생겨남인즉
보람된 삶이 아닌겨

박준길

시인·수필가. 나혜석문학상 수상. 시집 『달팽이 배꼽』 외.

파꽃

흙에 머리 처박고
물구나무서기를 하고 있다
철심 하나 박지 않고
시퍼런 몸뚱이는 하늘을 조준하고
매운 눈물로 하늘 보고 똥침을 놓는다

빈 대궁 위로 방울방울 매달린
환하게 비추는 네온사인들
뼈대도 없이 에로틱한 발기력

해거름 밭둑 아래서
흰 머리카락 반쯤 파묻고 서 있는
파꽃을 보면서
살아있는 동안은 뜨겁게 살고 싶었다

박은선
국제펜한국본부 회원, 제18대황진이문학상 본상, 시집 『바다의 달을 만나기 전』 외.

바다 바라기

끝내 신발을 벗을 수밖에 없었다

수억만 개의 모래알갱이
수많은 생각 속에 사는 사람들
발가락들은 자연과 교감하며
시작도 끝도 없는 생각에 점령당한다

수억만 개의 모래알갱이가
끊임없이 바다에 씻기는 걸
발가락은 문명의 야만에 분노를 느낀다
어쩌다 발에 걸린 몽글한 돌멩이
무심코 바라보다 시간의 저편을 읽으면
짙푸른 곳의 깊숙한 곳이 속삭이는 소리
자연이 함께 가야 한다고 하는 소리

바다에 와서 통곡하고 싶은 마음
어머니의 젖과 같은 햇살 머금은 생각들
글썽이는 몸과 마음을 바다가 안아준다

나의 그리움은 야위어가고
바다의 속삭임에 겸허해지며
노을 속 수채화 한 폭 메타포의 의미는

박정인

《시와 산문》 시로 등단, 제17회 김포문학상 대상 수상, 시집 『마침내 사랑이라는 말』

육필

우기의 한 틈

햇볕이 나고
화단 옆 보도에 서체 하나가 꿈틀거린다
초서보다 어려운 이 글자를
추상적 서체라 말해도 될까

아들 이마에 새긴 서자 문양을 지우기 위해
남편 장례 날에 맞춰 자결한
봉래*의 어미를 생각하는 동안

한나절 몸부림이 서체로 굳었다

새끼들 고물고물하니
꽃밭 흙을 파헤치지 말라는 듯
햇볕에 놀란 눈먼 구인蚯蚓**이
한 음절 육필을 남겼다

햇볕과 햇볕 사이, 바람이 불고
개미 떼가 육필을 해득하고 떠난 자리엔
사라진 몸을 빼닮은
모래의 필사본만 도도록하다

바람에 조금씩 끌려가는 모래알갱이들

육필의 뼈대까지
고요히 풍장 되고 있다

* 조선 중기 사대 명필 중 한 사람인 초서의 대가 양사언(1517~1584)의 호.
** 지렁이의 한자 이름

박진우

서울미래예술협회 부회장, 에스프리문학상 수상, 서울시립뮤지컬 배우 발탁.

새로운 발견

먹는 얘기 좀 할께

혹자는
먹기 위해서 산다
살기 위해서 먹는다

밥만 먹는 줄 알았는데
돈도 먹데
꼭꼭 씹지 않아 탈 나데

나는 아침에 일어나면
우선 맘 먼저 먹지
맘 잘 먹으면
안 되는 일 없더군

고운 맘은
병도 없고 탈도 없데

자네, 아침 했나?
네, 맘먹고 나왔습니다

박철언
시인·변호사, 3선국회의원, 건국대학교 석좌교수, 서포문학상 외, 시집 『작은 등불 하나』 외.

10월에는 용서하게 하소서

높푸른 하늘 아래
바싹 바싹 타들어가는
황갈색 단풍을 보면서
10월에는
우리가 헛되이 보낸 시간들을
용서하게 하소서

숲을 흔들다가
내 안에 들어와 나를 흔드는
아름다운 그리움의 바람
외로움에 떨면서
방황했던 우리의 날들을
용서하게 하소서

잘 익은 석류처럼
사랑을 고백하고
상처를 주고 받는
우리의 안타까운 삶을
눈물로 용서하고 싶은
눈부시게 곱고 풍요로운 10월

박종화

세계환경문학협회 회장, 산업안전연구소 대표, 자랑스러운문인상,
시집 『추억은 시가 되어 흐르고』 외.

아버지의 하루

누렁아, 어서 가자!
새벽 인사로 하루를 시작하는 아버지
나는 핸드폰에 집중하고 있다

콩깍지와 짚을 썰어 군불로 쇠죽 끓여
아침 챙겨주고 화전火田 밭갈이하는 아버지

안개 낀 산 비탈길 마을 어귀
방울 소리와 아버지의 숨 가쁜 소리

뒷동산 뻐꾸기 산새 소리에 하루해가 가고
아버지의 헛기침 소리가 평온하지만은 않다

뻐꾹 뻐꾹 뻐꾹
누렁아 어서 가자
이랴-이랴 어뎌-어뎌

석양의 노을 속에 집으로 돌아오는
누렁이와 아버지의 대화
시원한 바람이 아버지의 이마를 닦아준다

힘들었던 아버지의 하루는 평온한데
나는 컴퓨터 앞에서 작업에 열중이다

박춘희

시인·시낭송가, 한국문협충남지부 이사, 전국시낭송대회13회대상 수상,
시집 『언어의 별들이 쏟아지는』

달동네

낮은 곳에 임하지 못해 오르고 올라
구름 닿은 나뭇가지를 부여잡은 겨우살이
안심하며 골목이 틀리고
나무와 한 몸인 듯 계단에 접어들었다

빈 가지에 드러난 앙상한 집 한 채,
민둥민둥한 저녁 능선에 걸렸다
바람이 쓱싹거리는 지붕은 휑하다
겨울은 위험한 절벽이었다

간신히 피운 불빛들 몰곳몰곳하여
몸도 뿌리도 공중의 창문 속에서
꿈을 지웠다, 썼다
샛노란 초승달로 얼어갈 때

굴삭기를 앞세워
마스크들이 몰려왔다
버티던 담벼락 하나,
끝내 빗 넘어가고 있었다

방숙자

시인·동화구연가, 숙명여대평생교육원 박물관학 수학, 자유문학108호 시로 등단, 강남글숲 회원.

두 집 미소

일본땅 '광륭사' 목조 미륵 반가사유상
입가 미소 띤 미묘법을 아는가
넉넉한 얼굴로 실눈 웃음
흡사 순이 얼굴 같다

오른손 엄지 · 중지 · 약지 맞잡고 얼굴 가까이
얇은 입술 얹힌 웃음의 향기로운 그윽함은
이심전심 염화시중拈花示衆 미소다
가랑비로 젖어 스미는 '모나리자의 미소'가 겹친다

살짝이 얹힌 오른발은 왼손이 지그시 누르고 있다
오랜 사연 있어 발가락을 까닥일 것만 같다
백제를 떠나던 날 일본 땅을 돌 때
로댕은 웅크려 '생각하는 사람'을 낳고
동방엔 미륵 반가좌 사유상이 나타났는가

건너 저편은
동편 '靜'이 '動'을 이긴다는 걸 모른다
그래도 동서양 톱니바퀴는 맞물려 돌고 있다

배상호

1987년《시와 의식》시로 등단, 부산시문인협회 부회장 역임, 김소월문학상 수상.

동반자

밤은
어둠을 홀로 지키지 못해
별빛과 나누어 가지고

낮은
밝음을 혼자 차지하지 못해
구름과 나누어 가지고

개나리는
노란 꽃잎을 홀로 피우기가 민망스러워
꽃샘 추위와 어울려 피고

삶은
저절로 즐거울 수가 없어
때때로
괴로움과 더불어 함께 산다.

배정규

서울미래예술협회 회장, 월파문학상 외, 시집 『품는다는 것은』 외.

눈雪 읽기

소리 없이 온다고 하지 마라
내겐 뜨거운 함성으로 들려온다

도시와 공장을 하얗게 덮은 눈은
우리의 부끄러움들을 가려주는 것

세상을 하얗게 덮은 눈은
오체투지로 참회하는 티베트인의 모습

광야에 내리는 12월의 폭설은
세월의 강을 건너라 다리를 놓아주는데

저마다 분명하고 의미 있는 메시지
저들의 몸짓을 우리가 헤아리지 못할 뿐

눈이 내리는 밤
백만대군을 바라보며 그 뜻을 읽고 있다

백영호

울산과학대학교 산경과 졸업, 《문학세계》 시로 등단, 현대자동차 노동대학원 논문 우수상.

청산 청노루는

깊은 산 청노루는
커다란 눈 굴리며
월산 아재 장뇌삼 밭에서
뜯다가 쉬다가 자다가
놀며 한나절을 보내고

옹달샘 맑은 물에
목 축인 동박새 부부
참나리 옷깃 만지다가
품 넓은 노송 팔에 안긴다

길따라 계곡따라
십리 물길 선녀탕에
산책 나온 쉬리 떼
점심 맛나게 먹고
시원하게 오줌을 누는

하이얀 찔레꽃잎
순한 향기 날리니
십리 계곡 넘어온
청솔 바람 잠방거리고
깊은 골짝 맑은 물소리
찰랑찰랑 흘러 흘러
오월의 오전 자락이 펄럭인다.

변종환

부산문인협회 회장, 한국현대시인협회 이사, 시집 『풀잎의 잠』 외.

별 하나

점멸하는 삶은 아름답다
나를 닮은 별 하나
탄생별이라 부를까
쓸쓸한 밤에 우화처럼
웃자란 생각으로
썼다가 지우고 또다시 쓰는
순식간의 이야기
혼자서 지어두었던 저 별의 이름
그늘을 키우며 늘 어둠 속에서
빛나는 눈빛
기억해 두어라, 지나온 길 밝히던
그 빛을 주워 담기 위해
시간은 바람처럼 흘러갔다
하고 싶은 말 거두고
뜨거운 노래를 묻으며
침묵으로 지새우던 날
천년의 흔적 찾아가는 소리
절절한 생각은 어디서 오는가
내 육신의 무늬 같은
남은 빛 하나

복재희

시인·수필가·문학평론가, 사)한국문학협회 작가회장, 충무문학상 수상 외,
시집 『어디서 물이 들었을까』 외.

누가 사슬을 채우려 하나

강이라 누가 풀칠을 했나
강은 강인 줄 모르고 흐를 뿐이다

흐르는 것이 강이라면
시간아! 너도 강이다
스미는 것이 강이라면
사랑아! 너도 강이고 말고

인송이라 누가 상자에 넣나
어진 소나무인 줄 모르고 서 있을 뿐이다

늘 푸름이 소나무라면
청자야 너도 소나무다
늘 변함없음이 소나무라면
어머니 당신도 소나무입니다

문인이라 누가 사슬을 채우려 하나
문인은 문인인 줄 모르고 쓸 뿐이다
문인은 문인인 줄 몰라야 써질 뿐이다

사위환

현대시협회원, 월간신문예회원, 인사동시협회 지도위원, 법학석사.

풀밭을 바라보며

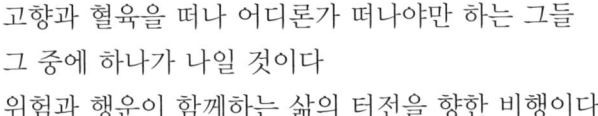

가만히 풀밭을 바라보니 어디서 날아왔는지
흰나비 한 마리 풀밭에 날개를 접는다.
하얀 민들레 꽃씨도 살며시 풀밭에 여장을 푼다

고향과 혈육을 떠나 어디론가 떠나야만 하는 그들
그 중에 하나가 나일 것이다
위험과 행운이 함께하는 삶의 터전을 향한 비행이다

아무것도 아닌 것처럼 보이는 그들의 이별이
세상의 모든 것을 놓고 전부를 이동하는 삶의 전부이다
어디선가 또 하얀 민들레 씨가 날아들고 또 날아간다

여기저기 아직은 날개를 펴지 못하고 비상하지 못한
하얀 민들레 씨 부디 멀리멀리 날아 돌밭이 아닌
고운 흙밭에 내려앉기를 두 손 모아 기도해본다

서영희

한국문인협회. 밀양문인협회, 한국신문예문학회 지도위원,
제3회 하이데거문학상 수상.

하루살이

머릿속에 켜진 희미한 등불 하나
어둠을 밀어내고

마루 끝 촉 흐린 전등 아래
가녀린 날갯짓으로 군무를 추는 하루살이 떼

희미한 등불도 불이라고 찾아든 그것들
웽웽거리며 미지근한 꿈속으로 이끈다

꿈결인 듯 몽롱한 여명의 발걸음은
잡아끈 손길로 마루에 나를 부려놓는다

마루 끝
작은 무덤이 동산처럼 퍼져있다

밤새 내가 버린 시어들이
하루살이가 되어 널브러져 있다

서광식

사)가교문학 이사, 국회시낭송지도자 대상, 한국경제취재부장.

기적이란 것에 대하여

누가* 그랬다지
세상 보는 데는
두 가지가 있다고

하나는
기적은 없다
생각하며 사는 거고

다른 하나는
모든 게 기적이라
생각하며 사는 것이라고

그 말까지 굳이
들먹일 여지가 있을까
기적의 개념은
너무나 간명한데

잠자고 일어나
생사여부 확인하러
살갗 꼬집어 보는 의식
오늘 아침도 수행했는데

그렇다, 기껏 나는
하룻밤을 확인하면서
그저 안심입명, 감사히
사는 모양새로구나

살아있는 것만도
기적이라 보는 것

그래, 지금까지
기적이었구나
그저 감사 할 일이다….

* 아인슈타인

서수옥

시인·시낭송가, 사)한국공연문화예술원 이사장, 대한민국시낭송 명인예술대상.

아버지의 손글씨

다락방 상자에는 사계절이 들어있다
빨간머리 삐삐의 뒤죽박죽 별장처럼

무엇이든 싸매 넣고 잊어버리는 내 습성
뿌연 먼지 덮고 10년은 견뎠으리

유품 정리하듯 뚜껑을 가만히 열어젖히자
눈에 띈 봉다리 하나
아버지의 손글씨 쪽지가 붙어있다.
2010년 10월 23일 셋째딸 고춧가루 5근

아버지의 사랑이 어둠 속에 갇혀 있었구나
떨리는 손으로 끈을 풀고 속을 들여다본다
빨갛던 고춧가루가 아버지 머릿결처럼 하얗게 세었다

오래오래 간직하면 변하지 않을 줄 알았는데
쪽지 적으며 기뻐하셨을 아버지 생각에
울컥울컥 가슴 바닥에서 눈물이 돋는다

고마운 마음, 죄송한 마음 돌돌 말아 위에 얹고
염하듯 정성들여 다시 싸맨다
아버지의 손글씨가 더 또렷이 내게로 다가온다

서옥임

(현)아파트관리사무소장, 한국문인협회, 양천문인협회 이사, 시「시간여행」외.

위대한 카시니, 토성품에 잠들다

스윙바이swingby 항법*으로
천체 중력 에너지를 수혈하여
인류의 희망을 싣고
토성으로 향하는 탐사선 카시니호
목성 자기장, 태양풍을 감지한다

소행성대를 무사히 지나
육각형 소용돌이가 선명한
아름답고 역동적인 토성까지
삼십오억 킬로미터
칠 년의 머나먼 여정이
참으로 대견하다

메탄 바다의 타이탄
엔켈라두스의 물기둥
역주행하는 포에베를 탐사하고
암석, 얼음 조각들의 신비로운
고리를 가로질러
토성 대기권에 진입한다

지구로부터 삼십억 킬로미터
시속 십이만 킬로미터
천오백 킬로미터 토성 하늘로
죽음의 다이빙을 하며
최후의 순간까지 자료를 전송하고
장렬히 산화한다

팔십억 킬로미터, 이십 년의 생애
우주의 수많은 베일을 벗기고
마지막 유작으로 작별을 고하며
토성 품에 영원히 잠든 카시니
위대한 카시니여
굿바이goodbye.

* 천체의 중력을 이용해 우주선의 가속을 얻는 기법.

서정문

서초문인협회 회원, 서초문학상 수상, 시집 『지도에도 없는 길』 외.

섬이 사라지는 저녁

구름 한쪽이 바다에 떨어져 나가
섬이 되었다

바다로 쏟아지는 바다
섬으로 쏟아지는 구름
푸른 창을 들여낸 배 한 척
돈키호테의 푸른 창을 겨누다
오래지 않아 바닥부터 흔들리는 섬
검은 절벽을 등에 업고
나는 늘 허기가 진다

검은 바다를 둘러업고
배들은 저녁이면 섬을 싣고 들어온다
빛바랜 창문을 열어두고
저녁 식탁에 바람을 부려 놓는다

매운탕에 섬이 들어가 끓는다

서진송

강북문인협회 부회장, 한국청소년문학상 대상, 시조집 『진달래꽃』 외.

천년 노송(시조)

무심한 세월 문에 기대선 천년노송
곡예라도 하는 걸까 멋들어지게 휘어진 몸
탈골된 뼈 마디마디 비장함이 감돈다

예술혼 태우는 듯 두 팔 벌린 두 그루 노송老松
마주한 묘한 동작 춤사위 벌이는가
온몸을 비비 꼬으며 열렬한 사랑 나누는가

세월풍 견디느라 자연스레 굽어졌나
시련고난 견디느라 기묘하게 휘어졌나
산경치 수려한 곳에 천년노송 멋스럽다

성기환

인사동시인협회 부회장, 한국신문예문학회 이사. 탐미문학상 수상.

오월의 흔적

오월의 탁자 위 알람소리에 눈 비비고
가로등 불빛 헤치고
오월의 흔적을 찾아 나섰다
어느새 새날이 밝아 와
한강공원 성산대교 붉은색 철 무지개 가로놓이고
반짝 반짝이는 윤슬, 물 위에 떠 있다
수평의 고요 속에 감춰진, 요동치는 평화
얽히어 부딪히고 곤두박질치면서, 강물은
앞서거니 뒤서거니 검푸른 대양으로 흘러간다

나는 알고 있어요. 그때를
눈이 녹아 초가지붕 추녀 끝의 고드름을 따던
소달구지 보릿고개 넘던 그 시절

붉은 무늬 완행버스에 몸을 싣고 부모님 찾아가는 길
흙 자갈길 흔들리며 가던 오월의 흔적을

알 수 있어요. 나는
오월의 땅속에 다시 눕지 않아도

성성모

인천대학 행정학 박사, 2002년《공무원문학》시로 데뷔, 구로문인협회 감사,
시집 『인생이 아프다』 외.

이 세상 삶의 의미

나의 인생은 아직도
단 한 번 불림 없는 호칭이 많은 삶
'아빠'라는 불림이 없고
'여보'라고 부를 상대가 없는
장인, 장모, 처남, 처형, 처제, 동서…
나도 남자인데
모든 날이 힘들어 왔지만
언제부터일까
볕이 좋은 한겨울에
나긋한 감정으로
처음부터 이건 아니었는데
이 세상에서 나보다 더 중요한 것이 뭘까
있을까
사랑 넘치는 사람들 사이에
나는 과연 존재할 수 있는 사람인가
하나님께서 슬피 우는 나를 알까?

성명순
시인·아동문학가·시낭송가, 수원예술학교장 역임, 황금찬문학상 수상, 시집 『하얀 비밀』 외.

사랑할 날이 얼마나 남았을까

저녁놀 비낀 언덕에 홀로 서면
누군가 내게 속삭이는 소리 있어
사랑할 날이 얼마나 남았을까
꿈결처럼 흘러온 한나절
미처 못한 가슴 속의 말들

사랑할 날이 얼마나 남았을까

이제 더는 마음 조이지 않고
부드러운 언덕을 넘는 구름처럼
바라만 봐도 좋을 남은 날들아
가슴 속에 담아 두었던 말
저녁 하늘 불을 지피는 별

사랑할 날이 얼마나 남았을까

만남이 있기에 이별도 소중해
이 순간 아끼지 않아도 좋을 말
사랑해 고마워 힘들지 안아줄게
손을 저어 아니라고 하지 않을
따뜻한 눈길로 전하는 마음아

사랑할 날이 얼마나 남았을까

손도규

한국신문예문학회 지도위원, 제7회 하이데거문학상 수상, 공저 『인사동시인들』 외.

잎새에 부는 겨울바람

붉은 단풍잎 물들인 호수 옆에서
햇무리 두른 구름 하늘 위로
짙은 내음 번지는 원두커피 향을 음미한다

무심히 흔들리는 갈대 줄기는
따갑게 부딪는 석양빛 받으며 그날을 기억하고

사랑을 잉태하며 육신을 유희하던 날
파도의 거품처럼 부풀어 오른 순백의 절규는
흐릿한 해무 속에서 울부짖는 마지막 사랑의 고백이다

애증이라는 잠시의 설레임
촛불 앞에 선 여인을 그려보는 시간
중년 어깨에 걸린 잎새 하나
겨울 찬바람 따라 떠나려 한다

손수여

시인·평론가, 국제펜대구지회장, 제34회 PEN문학상 수상 외, 시집 『성스러운 해탈』 외.

콩깍지 끼었어도 좋다
―아내는 몸을 나는 맘을 씻고

안 늙으려면 매일 운동을 하라

스포츠센터에 가보면 안다

몸을 풀고 씻으면 절로 신선이 된다

아내는 먹는 것은 건너뛰어도

씻는 건 하루라도 안 돼 연중무휴

날마다

그런 선녀와 산다 나는 시로 맘을 씻고

손영란

참사랑소망교회 담임목사, 한국문인협회 회원, 아태문인협회 이사.

엇갈림

둘이 생각이 달라요
각기 다 생각이 달라요

노란꽃을 보아도
핑크빛 꽃을 보아도
빨간색 장미를 보아도
왜 생각이 천차만별인가

각기 다 생각이 달라요
그래서 세상은 시끄럽기도 하고
아름답기도 해요

손해일

시인·문학박사, 국제펜한국본부 이사장 역임, 평론집 『현대의 문학이론과 비평』 외.

달맞이꽃

햇살이 눈부셔 밤을 가려 핍니다

달무리 걷힌 뒤
바자울 사립을 열고 서성이는 까닭도
외로움 때문만은 아니외다
청솔가지 참대밭 엮어
달집을 지어놓고
월궁 항아 고운 님 맞으러
동구밖에 섰습니다

은잔에 술을 따르듯
정화수 한 사발을 서낭당에 받쳐 들고
아무에게도 보인 적이 없는
은밀한 사랑을 비춰 봅니다

삼계三界의 인연으로 우리는 만났거니
내 가슴 달집 쏘시개에
불은 당신이 당기소서
달이 뜨면 드리리다
이 마음 다 드리리다

송경민
시인·수필가·문학평론가, 교육부장관상 외, 현)아태문인협회 부이사장, 전남교육신문 교원전문기자.

사자死者의 서書

아산雅山 숲, 우뚝 솟은 하늘 사이로
큰부리까마귀가 큰 울음을 운다.

녹슨 혀들의 깨진 증언들이 슬퍼서가 아니다
득시글거리는 비릿한 것들의
날조된 역사의 분노가 피맺혔어도 아니다
빼앗긴 민주주의, 겪은 질곡의 역사가 슬프고
고착된 모순의 반성이 서럽고
토막난 분단 민족의 허리 잇기가 안쓰럽다
죽은 가지 끝으로 살아 있는 것들을 노래하며
찢어진 살을 품고 피 터지는 염원들을 토해낸다

젊은이여!
백두대간 통일의 소망으로 빛나는 젊은이여!
우리 더불어 함께 날아,
새역사의 시詩를 쓰자
어둠을 뚫고 꿈틀거리는 평화 통일의 활기를 좇아
전령의 행진으로 진혼곡을 노래하자

오늘도 아산雅山 숲에는 혁명의 바람이 분다.

송낙현
서울 남대문 경찰서장 역임, 제28회 순수문학상 대상 외, 시집 『강물도 역사를 쓴다』 외.

지구의 건강

봄의 나무는
숲이 되는 것이 소망이고
가을의 숲은
나무가 되는 것이 꿈이다

소망이 크면 클수록
여름의 숲은 더욱 울창해지고

꿈이 원대하면 할수록
겨울의 나무는 뿌리를
더 튼튼하게 만든다

나무는 숲을
숲은 나무를
서로 선망하며
지구를 건강하게 하고 있다

송봉현
한국문학협회 부이사장 역임, 제8회 한국문학백년상 수상, 시집 『코리아 르네상스』 외.

천지연의 봄

고운 새는
나무에 앉아 노래하고

나무는
보드라운 물 품속에 눕는다

공원 안 맴돌며
콧속 파고드는 찐한 향기는
누가 보낸 연서인가

숨 가쁘게 달려와
그리움 쏟아내는 은빛 줄기는
어느 님의 숨결인가.

송연우

1994년《한맥문학》시로 데뷔, 시흥문학상 시부분 우수상 수상, 시집 『맨발의 춤사위』 외.

빗치개

생전에 시어머님이 쓰시던
손가락 길이만한 소뿔 빗치개
경대 서랍 얼레빗, 참빗과 한 가족이었다
반듯한 가르마
곧은 길 아니면 몇 번이고 되돌리시었다

캄캄한 세월 낡도록 쓰신 것을
버리려고 하면 아깝고
생전의 어머니 보듯
그 자리 오래 함께 살았더니

이제 나에게 바른길을 물으신다

날이 갈수록
나에게 길을 가리킨다
고요히 어둠에 누워서도
내 생의 이정표이시니
둘도 없는 보물이다

손은교
국제PEN한국본부이사, 한국문학신문 대상 외, 시집 『25時의 노래』 외.

바람의 유영

다시, 안개다

유달산의 끝진 노을이
일출을 끌어올리는 꿈일지라도
출렁이는 깃발
인식의 바다로 항해할지라도

아직은 난삽한 궤적
떨칠 수 없어 지상을 향한
미망未忘은 차라리 해후를
정제하는 역정逆情이 되는가

평상으로 항상
자갈을 뱉어내는 이슬 몇 방울

작은 소멸일지라도
단숨에 들이켜야만 하는 속성은
말씀 빛나는 길 위에
스산히 누웠고

적멸의 끝자락
차마, 쓰러지지 못하여
너무 멀리 와 있는
찬 별 하나

송유나
《월간문학》 등단, 경기대학교 출강, 저서 『평시조에 관한 연구』

기일

새벽은 여물을 꼭꼭 씹어 먹어야죠
볏짚 삶아 뿜어져 나오는 안개 속으로
고개를 들이밀고 여물통을 핥고 있죠

빈 하늘 구름 사이 헤집고 달려왔을 쇠발굽에 흙먼지 털며
들어서던 저녁나절 구름이 담겨있는 커다란 눈동자를
바라봤죠 혜윰에 젖은

답답할 땐 하늘 향해 크게 한번 소리쳐도 보고 꼬리에
휘둘려 뻐근한 몸을 두드려보기도 했지요

담담하게 걸어가듯 삶도 그리 무던했죠 들에 갈 땐 제복처럼
입던 옷, 다 닳아서 길이 난 덕석 한 벌, 부리망 눌러쓰고
터덜터덜 들어서며 하루 짐을 툴툴 털던 그 날처럼 후련히
떠나던 새가 되었지요

문풍지 바람들까 겹겹 여민 문틈 새로 밤바람 두드리던 밤
한번은 맘 터놓고 풀어야죠 막걸리 한잔 따라 놓을께요
어느 쪽 열어 놓을까요
따뜻한 아랫목도 비워 놓을게요 다리도 쭉 뻗어보세요

신남춘

월간 《한비문학》 등단, 대한민국예술대상 수상 외, 시집 『비 오는 날의 초상』 외.

틈

젖어버린 세월을 말리는 것
닫힌 문 활짝 열어 재치고
세월만큼 받은 햇발 있는 까닭이다
틈이 있는 것은 이끼가 덮이고

지나온 자리 아픔을 토하고
부드럽고 따뜻함도 언제부턴가
조금씩 사라져 무디어진 세월
빗살무늬의 삶에 얹히는 계절과 계절

온몸이 바삭바삭 메마르며
틈이 생긴다 이제는
숨겨진 일상 드러나는 삶의 미학
인생은 이어짐과 끊어짐의 반복

떠나버리는 계절에 누워
목이 마른 내 영혼
틈 벌어지고 있다 조금씩, 조금씩
그리하여 이승과 저승 사이
짙푸른 강 하나 흐른다

신명희

시인·수필가, 한국문협 지회협력위원, 현대계간문학 작가회장, 한국문학협회 문학대상 수상.

가시나무새 어머니

가슴이 시려 온다고 했을 때
두 팔 벌려 안아 드리지 못했다
세상 무게 힘들어 날숨 지으실 때도
가벼운 밍크로 감싸드리지 못했다

어느 날 헤진 치맛자락 들추다
숨죽인 기다림을 보았다
새끼들 먹이 날라 주며
일생에 가장 슬픈 노래를 부르다
가슴을 내어놓는 가시나무새

핏빛 흔적도 남기지 않고
버거운 잎 다 털어낸 나목처럼
가슴에만 초연히 서 계시는 어머니
험한 바위고개 홀로 넘게 한 사무침
는개 되어 눅눅한 저녁

너무 멀어서 그리움이다

신민철

관악문인협회 부회장, 시집 『그림자가 있는 호수에』, 가곡 「내 사랑을 그린 영지호의 밤」 외.

올해도 우리는

잊을 뻔한 모습들이
그믐밤을 밝히고
서른세 번의 종소리가
길게 혹은 짧게 모두를 찾더니
기어이 큰 숫자를 찾더니
기어이 큰 숫자를 하나
생산해 놓았다

서로를 붙들었던
그 계곡은 깊어도
시간은 먼 산을 바라보게 하고
그 거리만큼이나
우리를 부르기만 해

하늘의 별들도
이야기 속에 머물며
세월보다 앞서가는 꿈은
언제나 물음표 앞에 머물러
올해도 그 답을 찾는 한 해로.

신경희

시인·문학박사, 한국문협 문인권익옹호위원회 위원, 시집 『그런 사람이면 좋겠다』

소유할 수 없는 소유

당신은
소유할 수 없는
소유를 알고 있나요

몇 푼의 동전만으로도
이 세상을 가슴에 안을 수 있는 소유
집이 없어도
이 세상천지가
다 내 마음속에 있는 소유

당신은
소유할 수 없는
소유가 있음을 알고 있나요.

깊은 산속에서 조용히 흐르는
계곡의 물소리
사사삭 사사삭
나뭇잎새의 몸 부비는 소리

가을의 푸른 창공 아래
넓게 펼쳐진 황금 들녘

그 위를 낮게 비행하는
하얀 백로의 날갯짓 소리

마음에서 마음으로 흐르는
사랑의 소리
영혼에서 영혼으로 흐르는
그리움의 소리

사랑하는 이여
우리 가난하여도
마음으로 듣고
마음으로 볼 수 있으면 좋겠습니다

마음과 마음이 맞추어지는 소리
영혼과 영혼이 맞추어지는 소리
마음속의 소유가
더욱 아름다운 것을

사랑하는 이여
우리 소유할 수 없는 소유를 만들어보아요.

신영옥

시집 『오늘도 나를 부르는 소리』 외, 신영옥작사가곡선집1~3, YouTube 50여 편 등재, 음악저작권등록 90여 편.

사랑, 사랑으로 · 3
-2023년 7월 DMZ에서

황홀하게 전율하는 시대에 걸터앉아
시간 너머 고요 속으로
하얗게 바래지는 흔적을 밟아 간다

편견도 선입견도 들어설 수 없이
청아하던 하늘 정기
거기, 잊을 수 없는 6.25의 남침 동족상쟁이
칠십삼 년간 침묵으로 버티고 선 한반도의 허리춤
잡초만 우거진 기름진 땅 DMZ*여
묶여진 긴 세월 얼마나 외롭고 기진맥진하였느냐?

"휴전회담 결사반대"
목이 터져라 울부짖던 교복 속의 소녀야,
이제는 할머니 가슴으로 바라보는 세월이
아프고 슬픈 역사로 안개 속에 싸였으니
금수강산 바라보는 심장이 아프고 서럽다.

살기 좋은 세상으로 열어가는 우리나라 대한민국
이제는 한마음 한뜻으로 아픔을 부여잡고
사랑, 사랑으로 열어가라. DMZ를 열어가라

* 비무장지대. 1950.6.25 남침. 1953.7.23. 치열한 전쟁 이후 생긴 남북경계선

안광석

문학미디어 작가회장, 신문예문학상 본상 수상, 시집 『돌이속삭인다』 외.

꿈

잠이
대청마루를 베고 누웠다

우주를 날아들며
월척을 낚다 놓쳤다

아침인지, 저녁인지
해뜩발긋 하네

추스르고 앉아보니
덧없는 꿈이로다.

안기찬

《월간신문예》 주간, 한국현대시인협회 상임위원장, 인사동시인협회 부회장.

폭포

수직으로 곧추선 침묵의 절벽처럼
절정의 목마름으로
절정의 심장으로
무디고 거칠게 추락하는 언어
일말의 망설임도 없이
허공을 내리치는 순수의 의지
그것이 바로 너다
오늘이 아닌 내일일지라도
되돌릴 수 없는 시간의 기슭을 걸어
드넓은 바다로 가라
머무는 자리마다
무리 지어 꽃이 피고
고난의 역정이 하나가 된
광활한 해원의 눈부심을 보리라
원시의 적막한 절대의 고요를 보리라
그때 너는 비로소
언어 이전의 순수의 물빛 같은
존재의 의미에 눈뜨리니
그것이 너다
그래, 그것이 바로 너다

안혜초

시인·언론인, 국제펜 자문위원, 윤동주문학상 수상, 시집 『달 속의 뼈』 외.

쓸쓸함 한 잔

쓸쓸함 한 잔
드실까요

초가을 맑으나 맑은
말씀으로
고여서 오는

초가을 높으나 높은
하늘빛깔의
머언
그리움

한숟갈 넣어서

신위식
한국문인협회파주지부 시분과장, 제19회 탐미문학상 본상, 시집 『시작, 풀꽃의 노래』

비무장지대, 평화를 심다

적막한 고요 속에
평화는 없다

탐욕의 수렁에 빠져 생가슴 찢어 갈라놓고
이념의 푯대 끝에 펄럭이는 두 깃발
저마다의 표상이 허공 속에 슬프다

혼돈의 시간을 견뎌온 기회의 땅
긴 세월 갈라진 틈을 메우고
가슴에 박힌 녹슨 철조망을 걷어내자

눈물로 얼룩진 슬픈 탄식이 아닌
바람에 흔들리는 작은 풀꽃의 긴장이 아닌
미지의 새들 노래가 외롭지 않는
푸른 초원 뛰노는 사슴도 두려움 없는
생명의 축제를 열자

왼팔과 오른팔을 함께 걸고 덩실덩실 춤추는
진정한 비무장이 되는 축복의 땅을 일구어
저 고요 속에 평화를 심자

영원히
시들지 않는

심종숙
시인·평론가, 한국소설가협회 회원, 한국청소년신문사 문예 대상, 시집 『역』 외.

가방 모찌

건강이 회복 되어
여동생의 가방을 들어준다
가방모찌
상사의 가방을 들어주고
상사의 역성을 들어주고
상사의 술잔을 따라주고
상사의 옆자리에 앉아주고
상사의 옆에서 호위해주고
상사의 가방 모찌
나는 상사의 가방 모찌였다
거대 기업의 작은 쪽방에 앉아
종일 컴퓨터와 시름하고
상사의 명령에 복종하고
기업의 이윤을 위해
나는 가방모찌였다
나는 이윤의 알을 까주기 위해
부담의 가방을 들어주었다
벙어리 러키는 눈이 먼 포조의 가방 모찌
채찍으로 러키를 다스리며 끈으로 이어진 러키와 포조
러키가 입을 열면 세 사람은 그를 덮치고 입을 막는다

블라디미르와 에스트라공은
고도를 기다린다
그들은 고도가 오는 한 목을 매지 않는다
기업의 샐러리맨들은 몽상가
불확실한 앞날을
가방 모찌하고 버려졌다
피라미드의 꼭대기로 오르지 못하는 자는
일회용품처럼 버려졌다
이과장 조과장
과장들은 부장을 달지 못하고
비정규직 파견사원들처럼 버려졌다
가방모찌의 역사는 끝났으나
넥타이는 쉬었으나
러키와 포조를 잇는 끈이
블라디미르와 에스트라공이
목 맬 끈이
오늘과 내일로 이어졌다
몽상은 늘 헛발질을 하였다
그러나 기업은 헛물 켜는 일은 없었다
기업은 보글보글 알을 부화시켰다

양재영
연세대 경영학과 졸업, 2021년도 성남시 시민백일장 당선, 시집 『꼭지점에서 바라보다』

세월이 흐르면

세월이 흐르면
눈물이 많아지고 무릎이 시리다
그것은 아버지의 아픔이고 인생이다

세월이 흐르면
말이 많아지고 고집이 생긴다
그것은 아버지일 수밖에 없는 나의 모습이다

세월이 흐르면
근육이 줄어들고 힘에 부친다
그것은 중년의 아픔이고 인생이다

세월이 흐르면
흰머리와 주름이 생긴다
그것은 중년일 수밖에 없는 나의 모습이다

세월이 흐르면
욕심을 버리고 자연의 순리에 맞게 살아야 한다
그것이 자연으로 돌아갈 우리들의 숙명이다

어윤호

한국신문예문학회 자문위원, 아태문인협회 자문위원 시집 『붓이 고뿔이 들어』

가실

삽짝 옆 등걸에 달빛을 걸어놓고
벗님을 생각하며 자리를 깔아놓았네

소담스러운 다과상과 마주 앉아
찻잔에 맑은 그리움을 따른 후
정으로 말린 꽃차를 두어 개 띄우고
실눈으로 사랑을 헹구었더니

괜히
서러운 눈물이 눈자위를 채우길래
떨어지면 아플세라
하늘을 오려다 보았네

홀연히 사랑의 향기가 그리웁기에
계신 곳 찾아 떠나려 채비를 서두르니
지나가는 소슬바람이
소매를 잡고 귓속말로 이르기를

지금은
상사병을 속병으로 앓아야 하는
가실이라고 속삭여주고 가네그려

안병학

『열린동해문학』 작가문학상 詩부문 금상 수상, 한국예술인복지재단 예술인 작가,
한국문인협회 회원, 한국현대시인협회 회원.

밤바다

묵향墨香 그윽한 밤이면
적요한 가슴을 안고
바다로 나선다

짙은 실루엣으로
출렁이는 너른 바다의
화폭畵幅 앞에 서서
장엄한 교향곡에 귀 기울이면

거친 숨결을 토해내는 파도는
그랜드 피아노의 하얀 건반 위를
걸어서 달려오고

별빛에 이르는
음계音階의 계단으로
소프라노 선율의 갈매기 노랫소리
귓전을 울리는데

바리톤 음성으로
울음 우는 기적汽笛은
해저의 어두운 정밀靜謐을 파열하고

밀물져 다가오는
검은 파도 소리
붉은 심장에 타오르는
생명의 소리

안일균
한국문인협회 회원, 계간 《문파》 회원, 시집 『단단한 뼈』

벽걸이 시계

초침이 쏜살같이 원을 그린다
분침과 시침은 멈추어 있는 듯
시치미를 떼지만
다 눈속임이다

내가 잠든 사이
내가 외출한 사이
내가 잠시 한눈을 파는 사이에도
살금살금 지구의 공전주기에 맞춰서
배터리 수명이 다할 때까지
자기의 역할을 하고 있는 것이다

초침은 하루이고
분침은 한달이요
시침은 일년이다

어둠이 내려 밤이 삭혀진 지금
불을 켤 수가 없다
무엇이 두려운 것이다
아니 시간을 들킬까 봐
도둑맞은 시간 앞에 마주 설 수 없는 것이다

동그라미에 갇힌 나를 꺼내기 위해
빗자루로 둥근 원을 말끔히 지우고
시침을 뚝 떼어 냈다

시간을 멈추어 세우는 일
남의 일이 아니었다

엄원용

인사동시인협회 초대회장 역임, 한국가곡작사가협회, 시집 14권, 수필집 3권, 소설집 2권, 종교서적 20여 권.

초상화 그리기

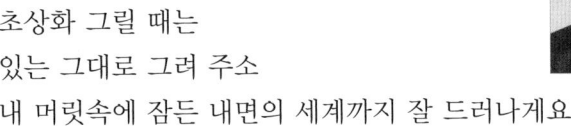

초상화 그릴 때는
있는 그대로 그려 주소
내 머릿속에 잠든 내면의 세계까지 잘 드러나게요

흰 머리카락은 하나도 놓치면 안 되오
내 연륜이오

이마의 주름살은 80년 걸어온 내 발자국이오
가늘면 가는 대로 굵으면 굵은 대로 그려 주소

내 입은 삐뚤어져 있소
고쳐 바르게 그리지 마소
몇십 년 남 비방만 하고 다녔더니 이렇게 됩디다

특히 눈을 잘 그려 주소
내 눈 속에는 80년의
환희와 슬픔과 후회와 고난의 눈물이 다 들어 있소

그저 80 세월을 보낸 것이 아니라오.

엄창섭

관동대학교명예교수, 김동명문학회 회장, 평론집 『일상의 일탈과 차별성의 의미망』 외.

어둠 들여다보기

가끔 절망의 깊이 의식할 때
저마다의 존재감에 느림과 나눔으로
단지걸기 반복하다 속도 줄이고
자연의 이법에 삶의 본성 적응시켜
'조금은 천천히' 뒤돌아보는 자성으로
감속하고 비워낼 통섭通涉 이끌면
화평의 공동체 이루려는 오랜 집념에
아침 강물은 한결 휘돌아 흐르듯
잡스러움의 퇴색退色은 허망하다

분망함으로 삶의 중량감 버거운
창조주의 놀라운 섭리 비로소 깨달아
삶의 속도 늦춰야 차창의 현상現象은
점차 흔들림이 작고 투명해지듯이
빛난 사고 가능성 탐색하고 끄집어내고
꿈꾸는 밝고 아름다운 세상 열어갈
날끼 푸른 감성 못내 빚어야 하느니

양상균

동남보건대 외래강사, 뿌리문우회 회장, 여강문학회문학상, 시집 『하나와 하나 사이』

간이역

강줄기 휘돌아 스치는 산자락에
두 줄기 선로가 하나 되어
반월 굴로 빨려든다

봄빛이 사르르 춘곤증 유혹에
간이역이 꾸벅꾸벅 졸고 있다

선로 옆 개천가 버들개지 망울지고
잔설 녹아 흐르는 물방구 소리에
놀란 피라미 눈방울만 굴린다
피어나는 국화 향에
기관차 쉬어가자 헛기침 화답하고
가을걷이 끝낸 들녘
허수아비 상투에 해오라기 한 마리
누구를 기다리나
바람살에 눈꽃송이 대합실 쓸고 간다

희미한 불빛 아래 헤매 도는 길손에게
출발 신호 수증기가 같이 가자 손짓한다

그 옛날 설레임 기적 소리에 실어
잊지 못할 무명씨에 아프게 띄운다.

여윤동
민조시분과 회장 역임, 예총예술문화대상 수상, 민조시집 『천산의 피붙이』 외.

아내가 뿔났다.

튼실한 사내놈이 납치해주면
두 눈 꼭 감고 따라가렵니다.
바람에 날아간 꽃 모자를 죽을 힘 다해 집어주는 놈 묻지도
않고 따라가렵니다.
대게를 쪄주고 까주고 빼주면서 임영웅의 '이젠 나만'을
아는 놈이면 따라가렵니다.

폭염에 웬 멍 짖는 소리냐고요? 내가 도깨비 방망입니까?
달라고 하면 뭐든 나옵니까?
생각해 보세요, 밥 달라 뭐 달라, 나만 보면 밤낮으로
보채는 통에 줄 수도 없고, 안 줄 수도 없고.

아내와 엄마는 언제나 에너지가 남아도는 게 아닙니다,
사랑받아야 숨 쉴 수 있는 뭇 여자라고요!

꽃매미 떠나가고 귀뚜리 울면 마음에 맞는 친구들 불러
한 잔 하렵니다.
술이란 인생의 만병통치 빨간약이자 홍삼액 맞지요?

오세현

경주중학교 문학 교사, 남강문인협회 회원, 고려대인문정보대학원 독서지도 전공.

화분

꽃을 키워보니
화분이 왜 비싼지 알겠다

화분이 좋아야
꽃도 예쁘게 피더라

너라는 꽃을 피워내는
나는 좋은 화분이고 싶어라.

오연복

시인·작사가, 한국신문예문학회 부회장, 한용운문학상 외, 시집 『세상에서 가장 간 시』 외.

이크 에크

말 띄움보다 발 품새로
통성명하더라
어기적어기적 두둠칫
개펄 밟는 듯
각다귀 좇는 듯
바람결에 풀잎 눕듯

들썩이되 물 흐르듯 하고
낭창거려도 밤안개 보풀어
얼결에 댓바람 치키더라
손끝 여미는 발끝
가락가락 맴도는 춤사위의
활갯짓에 이크

발놀림은 흐느적 하느작
엉덩이는 너울너울
손놀림은 덩싯덩싯
여덟 능청에 두어 번 내질러도
물살 디디며 바위를 가르는
본떼뵈기에 에크

* 그 어떤 무예보다 부드러우면서도 빠르고 강한 우리의 고품격 무도로서, 무슬로
는 세계 최초로 유네스코 인류무형문화유산에

오현진

전북 고창 출생, 《월간신문예》117호 신인상 당선, 전남대학교 중어중문학과 졸업, 아태문인협회 회원.

불멸을 쓰다듬다

불멸의 시어를 낚기 위해
서울 가게를 떠나온
넘실거리는 창밖은 동해 바다
2박 3일 시어 떼 기다리며
포인트 펜션의
책상 앞에 앉는 낚싯대

입질이 막 오는데
뜬금없이
"이거 얼마에요?" 물어와
넘실거리는 파도의 흥정 끝에
"주세요" 가
낚아채고 나서,

돌아와
책상 앞에 강림한
신이 내려준 불멸의
ㅅ
ㅣ
ㅇ
ㅓ
쓰다듬다

오만환

진천문인협회장, 국제펜 이사, 농민문학 작가상, 시집 『칠장사 입구』 외.

콤바인이 인사를 받는다

밭곡은 시원찮아
들깨, 팥, 동부,
다~ 헛것이여
먹을 물도 귀하니
걱정만 태산泰山일세
그러게요 마나님께도
있을 때 잘 하세요

자네들이 상머슴이여
부릉 부릉!
콤바인이 인사를 받는다
참, 자알~ 여물었어요
기꺼이 넘어지는 벼들
낱알이 자루에서 웃다

하늘이 하시는 일
그래도, 사람들이 먼저
아끼고
힘을 모아야지요

콩이 튀면서 알알이 하시는 말씀
그래요, 그래야 해요
참으로
솔선하여야 해요

옥주석

부산문인협회 회원, 은가람문학회 회원, 시집 『여기』

애월읍 바닷가에서

애월의 애가 사랑愛인지 벼랑崖인지
사랑과 벼랑은 서로 닮은 듯하여
벼랑의 꽃이라도 선뜻 따다 주고픈
그 마음이 사랑이 아니겠는가 싶어
한때 탄탄했던 반석 같던 사랑도
깎아지른 벼랑으로 솟구치기도 하고
금 간 마음이 벼랑처럼 무너져
깨어지고 부서지고 무너지는가 싶어
애월읍 바닷가 나뒹구는 돌무더기
바람도 물결도 못 다 삭힌 자국들
차마 우둔하게 남겨둔 미련인가 싶어
그래도 한없이 삼킨 세월의 무게에
무너진 벼랑 끝에 제법 길도 나고
오가는 사람들도 생기고
비스듬한 언덕배기에 저녁달도 뜨니
이제는 감히 나의 사랑도
벼랑이었다고 말할 수 있을 듯싶어

우영숙

협성대학원 복지경영학 박사과정, 아태문인협회 회원, 금연화예연합회 단독회장.

창밖 풍경

비가 내린다
옹알이 소리가 들려온다

식물들이 겨드랑이 간지러운지
캐드득 캐드득
웃음소리를 낸다

비가 바람의 손을 잡고
알몸으로 춤을 춘다
쏴아 쏴아
창문을 두드린다

무념무상이 불쑥 일어나
창문을 열고 손을 내민다

손끝에서 꽃이 피어나는지
간지럽다

우태훈
한국문인협회정책개발위원, 한국현대작가회원, 시집 『겨울 바다』 외.

귀신이냐 하느님이냐

겉모습이 아름답고 예쁘다고
속 모습도 아름답고 예쁜 것은 아니다

겉모습은 보이는 대로 보이는 거다

겉모습만 보고 좋아하다가는
속 모습을 못 보는 수가 있다

속 모습이 하느님이라면
죽어서도 하느님이다

속 모습이 귀신이면
죽어서도 귀신이다

너는 귀신이냐 하느님이냐?

원용우

시조시인·문학박사, 한국교원대 교수·학장 역임, 시조집 『시간의 징검다리』 외.

벽시계(시조)

가라는 말 없어도
청산유수 잘도 간다

무한정 가는 세월
자로 재듯 재어가며

열두 곳
나루터마다
돌아가는 똑딱선船

유병만

한국문인협회 회원, 평택문학상 수상 외, 시집 『금붕어학교 선생님은 반딧불이』

비무장지대 카페

비무장지대 너른 갈대밭에 문을 연 카페
드나드는 남남북녀에게 철조망은 한낱
푸는 옷고름이라네
옷깃 스쳐 눈짓에 중독되고 따뜻한 체온은
모닝커피처럼 무한 리필이 된다네
결혼식을 올리자마자 낳은 첫아기 이름은
그래서 '통일'이, 카페 옆에는
태극무늬 상징하는 69층 아파트가 들어서고
층층 베란다에 내걸려
은하수에서 건져온 듯 백의민족 하얀 천기저귀는
한반도 깃발인 양 펄럭거리네
젖 먹은 아기들이 낮잠을 자는 오후 한 시쯤
조용조용한 전기 오토바이가 커피를 싣고
경비실이 된 판문점으로 배달을 가네

유숙희
한국신문예문학회 윤리위원, 인사동 시인협회 이사, 시집 『자유를 꿈꾸는 씨앗』

공존의 미학

오늘은
짜파게티 한 개를 끓여
당신과 내가 나누어 먹는다

내일 그리고 모래는
도라지의 쓴맛에 오이를 함께 버무리는 날들이다

앙뚜아네트는 행복했지만
빵이 없는 국민은 불행했다

동쪽 하늘에 번지는 눈부신 햇살
먹구름이 몰려와 빛을 차단한다

우울한 마음은 창을 들고
이름도 모르는 새소리가 방패가 된다

세상 7할의 물이 지구 품에 안기어
신화 쓰는 것을 나는 보고 있다

우영식

인사동시인협회 부회장, 아태문인협회 시분과위원장, 에스프리문학상 본상 수상, 보건복지부장관 표창장. 녹조근정훈장 수상.

농부 일기

석양이 속살 드러내고 천연색을 토할 때
다람쥐가 노닐던 산마루턱엔
어둠이 먹물처럼 내려앉고

낙엽에 쓸리는 보슬비에
도롱이를 뒤집어쓴 촌로가
황소를 몰고 좁은 논둑길에 올랐다

비까지 내리니 논둑은 미끄럽고
황소는 어서 가자며 당기고
소변은 보고 싶고, 바지는 내려오고
지게 짐은 잘못 실어 기우니 진퇴양난일세

급히 우선순위를 결정했다
먼저는 조심조심 논둑길을 벗어나
황소 고삐를 고추 잡아당기고
지게를 내리고 급한 소변을 보고

내려오던 바지에 허리끈을 질끈 동이고
짐을 바로 고쳐 싣고
지게를 지고 일어서니

지척에서 부엉이 부부가 무섭게 울었다
부부 싸움이 일었나 보다
그 가정사에 개입하기 싫어
그냥 못 들은 척 고개 푹 숙이고 소를 몰았다

유승우

인천대학 명예교수, 창조문예문학상 수상 외, 시집 『몸의 시학』 외.

저녁과 아침은

아침이 밝은 얼굴로 다가오면
저녁은 어두운 허물을 벗어버리고
모두 숨어버린다
저녁과 아침은 제때를 분명히 알아
오가는 일로 자리다툼을 하지 않는다
대낮에 어둠이 길가에 앉아 있거나
밤중에 햇살이 침실을 엿보지 않는다
사람만이 밤낮의 때를 모르고
대낮에도 캄캄한 일을 꾸미고
밤중에도 눈에 불을 켜고 헤맨다.

유안진

대한민국예술원 회원, 구상문학상 수상 외, 시집 『둥근 세모꼴』 외.

다보탑을 줍다

고개 떨구고 가다가 다보탑을 주웠다.
국보 20호를 줍는 횡재를 했다
석존이 영취산에서 법화경을 설하실 때
땅속에서 솟아나 찬탄했다는 다보탑을

두 발 닿은 여기가 영취산 어디인가
어깨 치고 지나간 행인 중에 석존이 계셨는가
고개를 떨구면 세상은 아무데나 불국정토 되는가

정신 차려 다시 보면 빠알간 구리동전
꺾어진 목고개로 주저앉고 싶은 때는
쓸모 있는 듯 별 쓸모없는 10원짜리
그렇게 살아왔다는가 그렇게 살아가라는가

유중관

한국신문예문학회 회장, 인사동시인상 수상, 시집 『인연의 징검다리』 외.

겨울 나비

아직 사람들이
달콤한 꿈속일 때
나는 꿈속에서 나온다

돌연 하얀 나비떼를 동반한
얼음같은 새까만 흰바람이
활짝 웃으며 두 손을 내민다

초롱초롱한 가로등 눈빛
하얀 세상으로 첫발 내딛으며
높고 깊은 세계를 향해 신호를 보낸다

송이송이 눈송이 나비가 되어
부끄러웠던 어제를 덮어주니
나도 검은 것들 품는 흰 나비가 되어 날고 있다

유형

아태문인협회 이사장, 현대시협 회원, 제17회 탐미문학상 수상 외, 시집 『월막』외.

서천西天

빛이 어둡다
빛이 어둡다
밝기만 하던 말들이
빛이 어둡다
새집 짓고
천년만년 살자던 말이
탱탱하던 말이
바람이 빠져 어둡다
슬그머니 빠져나갔는지 어둡다
어둑한 길
말꼬리가 흐려진다
앞이 보이질 않는다
더듬더듬 가기는 간다만
빛이 어둡다
족두리 쓰고 온 말
할망구가 다됐다
운다 어둠에 말이 운다

유회숙

한국문인협회 제도개선위원, 불교문예작품상 수상 외, 시집 『꽃의 지문을 쓴다』 외.

여름 보고서

건조대에 걸린 눅눅한 일상이
입단속을 하네요
냉수욕에 삼베 홑이불 뒤집어썼지만
고열로 들뜬 오후가 소리쳤어요

바로 코앞에서 들리는 소릴 내다보면
방충망에 매미 한 마리 한 잎의
흑백 무늬 큐알코드
바람의 중심에서 숨죽이고 있어요

사람이 사람을 생각하는 일
슬픔이 슬픔에게 건네는 위로
오직 한 사람을 위하여
이처럼 간절히 울어줄 수 있을까

은유의 깊은 잠에서 깨어나
매미 등을 한바탕 두드리며 지나갈 때
울울창창 울울창창
원시의 동음어로 여름 보고서를 썼어요

윤혜정

아태문인협회 부이사장, 제6회 신문예문학상 대상 수상 외, 시집 『그리움이 벨을 울릴 때』 외.

칸나는 해법 모색 중

당신의 향기와 느낌이 좋아
당신의 사람이 되었습니다
당신의 눈동자 속에서
미소 짓고 있는 행복한 칸나
당신 또한 활짝 웃고 있어서
칸나는 세상을 다 얻은 것 같았어요
부드러운 손길은 언제나 설레임
함께했던 그 많은 시간들
눈물을 닦아주며 토닥여 주었어요
칸나의 마음밭에 빛나는 별들을 바라보며
웃음소리가 창문을 깨뜨리기도 했지요
그러나 그러나…
시간들 뒤에 숨은 한숨은 무엇인가요
순간 속에 사라진 것들은 어찌하나요
당신은 누구십니까
칸나에게 기쁨과 슬픔을 안겨준
당신은 진정 누구십니까
알 수 없는 당신을 그리워하는
칸나는 또 누구입니까

윤희선
한국현대시인협회 이사, 통일문학상 수상, 시집 『아름다운나라 빛부신 사람아』 외.

트로이 목마

트로이의 목마가 깊숙이 들어왔네
법치도 행정도 정치도 무너져내린다

사회주의가 다 되었다

우리 민초들이 무엇을 할 것인가?

제대로 훈련도 받지 못한
무리 군인들이 불쌍하다

국난을 외면하고
혼자서만 배 불리는 비겁한 역적 군장성들
그대들은 얼마나 오래 살 것인가!?

국민들은 그대들의 목숨부터 빼앗기를 기도한다

트로이의 목마가 깊숙이 들어왔다
그러나 우리에겐 목숨을 초개같이 버리는
태극기 부대가 있다
아직도 실낱같은 희망이 있다

은학표

동작구문인협회 고문, 2020 대한민국최고문예스타상 수상, 시집 『설파의 불꽃』 외.

애물

네 놈이 바로 범인이지
작년에 왔다 갔던 그 제비처럼
내 처마 밑에 무지개 집을 짓다가
세월만 잡아먹고 도망친 도둑놈이지
소리 소문도 없이
그림자조차 남기지 않고
가버린 네놈이 바로 그놈이지
쥐새끼처럼 왔다가
쥐도 새도 모르게 빠져나간
바로 네놈이 사고친 놈이지
긴긴밤 풋사랑만 남기고
평생 먹여 살릴 거라고
호언장담해 놓고서
사냥개처럼 입 떠벌리고 다니는
이 세상에서 가장 못난 바보인
들떨어진 네 놈이 그놈이지
인연은 사랑의 끄나풀로 묶고
아직도 지워지지 않는 걸 보니
내 거울 속에 숨어 살다시피 하는
어쩌면 그놈이 바로 네놈이지

이광희

한국신문예문학회 이사, 양천문협문학상수상, 시집 『고려산의 봄』 외.

꽃으로 날아온 문자

전철 안 빛이 가득하다
출근 속 문자로
손전화가 꽃으로 피어난다

복사 빛으로 하늘이
붉게 물든다
심장이 꽃피는 소리로

문자로 묻는다
너도 그러니
문자로 온 꽃은 끄덕인다

한 백 년 꽃이 되자고
날아온 문자
전철 안 빛이 가득하다

이근배

대한민국예술원 회장 역임, 조선·동아·한국·서울·경향 신춘문예 5관왕, 정지용문학상 외, 시집 『노래여 노래여』 외.

겨울 자연自然

나의 자정子正에도 너는
깨어서 운다
산은 이제 들처럼 낮아지고
들은 끝없는 눈밭속을 헤맨다.
해체解體되지 않는 영원
떠다니는 꿈은, 어디에 살아서
나의 자정을 부르느냐.
따순 피가 돌던 사랑 하나가
광막廣漠한 자연이 되기까지는
자연이 되어 나를 부르기까지는
너는 무광無光의 죽음
구름이거나 그 이전의 쓸쓸한 유폐幽閉

허나 세상을 깨우고 있는
꿈속에서도 들리는 저 소리는
산이 산이 아닌, 들이 들이 아닌
모두가 다시 태어난 것 같은
기쁨 같은 울음이 달려드는 것이다.

이길도
대우 큰스님, 한국불교청소년문화진흥원 이사장, 시집 『그대 그리운 날』

어느 가을날

어떻게 지내냐는
안부를 물어와서

버리고 갈 줄 아는 낙엽이나
붙들고 있다 하였더니

낙엽은 그 무게가
얼마냐 물어와서

바람에게 물어보라고
일러 주었네

고요도 몸져누운 뜨락에
낙엽이 지는 날에는

바람 따라가고 싶으나
빈손이 부끄러워

산새 울어 금이 가는
먼 허공이나 훔쳐보고 있다네

이돈배

아태문협 자문위원, 한국현대시작품상·문학미디어평론상, 시집 『카오스의 나침반』 외.

이끼의 서사

성긴 피나무 아래다
들고양이가 남겨둔
산비둘기의 짧은 생애

가는 길 안내하는
안드로메다 별자리,
비둘기와 동행길
별빛을 보며

번뇌보다 더 짙은 번민을 안고
흩어지는 물방울, 비구름에
한 세상 희비가 얽힌
수억 년 서 있는
서석대瑞石臺 주름 사이로

숨 쉬고 스며든
푸른 이끼의 서사

이명우
시인·생명공항·의학번역자. 시집 『낙엽 줍기』 『산골풍경』 1,600여 편 발표.

산골풍경 · 1631

언어의 강가에 앉아
떠내려오는 언어들을
한 바가지 퍼 와
하얀 종이 위에 부어놓고
선별을 하고 있다

뿌리 달린 언어는
집게로 뽑아내고
모서리 난 언어는
가위로 잘라내고
구부러진 언어는
망치로 펴고

꼬여 있는 언어는
맷돌에 갈아
전분을 내린다
어느 것 하나 버릴 것 없는

풍년 풍년
대풍년일세.

이범동

한국문인협회·신문예문학회 회원, 아태문인협회 이사, 신문예문학상 수상.

인생은 긴 세월의 길

세월은 물처럼 흘러
봄, 여름, 가을 지나면 들녘엔 오곡을
다 비우고, 침묵의 노을처럼 고요해
삶도 여유롭고 마음도 햇살처럼 너그럽다

자연의 섭리와
이치를 깨닫고 배품을 행하는 것은
나 하나만이 아닌 모든 범사에
감사한 생각이고 마음의 배려요 평안이다

만남은 소중한 것, 우리가
누구를 어떻게 만나는가에 따라서
자신의 삶도 지대한 영향을 받는 것이라
사람은 누구나 조금씩 비우다
결국 아무 것도 남지 않을 때, 비로서
세상을 뜨는 것이 하늘의 뜻 아닌가…

누구나 다 행복할 수 있고
좋은 사람으로 기억될 수 있다, 그러나
늘 변하는 세상 남을 속이진 말자, 황혼엔 다
공수래공수거라, 정의로운 삶이 현명한 길이다

이금숙

거제문인협회 회장 역임, 북시티문학상 수상, 시집 『쪽빛 바다에 띄운 시』 외.

왕포역에서

바람의 길을 따라 四月이 걷는다

철길엔 나즈막이 햇빛들이 누워
빛에 반사된 나뭇잎들의 미소가
두런두런 두런두런
콰이강의 다리를 향하여
긴 포물선을 그리는 기차는
왕포역을 뒤로하고 플랫폼을 떠났다

어제 우리가 앉았던 나무 등걸에
시간이 머물러 기지개를 켠다
천 원짜리 쌀국수에 반한 나그네
차마 떠나질 못하는 것은
환한 미소의 샴 소녀 때문일까
그리움 울겨 낸 국물 맛 때문일까

느린 속도의 기차가 꽃잎들 사이로
포물선을 그리며 오고 있다
가야 할 때를 아는 사람들
기차도 가고, 사람도 가고
왕포역엔 또 다시 햇빛들이 눕는다

아무도 없는 四月의 길을 따라
바람이 걷고 있다

이병연

한국시협·한국여성문학인회, 제16회 한국창작문학상 대상, 시집 『적막은 새로운 길을 낸다』 외.

붓꽃

하지로 가는 해는 너의 혀다

하고 싶은 말들이
혀끝으로 모여들어

말이 줄줄이
꽃으로 피어나는 저녁

기쁜 소식을 전하는 혀꽃이기를

아픔조차 영광으로 만드는
우리의 말이기를

빗속에서도 빛으로 다가와
대지를 환하게 비추는

이보규

시인·수필가·교수, 현)21세기사회발전연구소장, 용인대학·호서대학 외래교수,
저서 『이보규와 행복디자인 21』

꽃

꽃이 예쁘다는
말을 누가 했나요?

그럼 혹시, 세상에서
제일 예쁜 꽃을 아시나요?

사실은 나도 그 꽃
알고도 아는 척 못했어요

바로 내 앞에서
웃고 있는 당신이
그 꽃인데

당신 꽃이란 사실
이야기해도 될까요

이복자

국제펜한국본부 이사, 김기림문학상 수상, 시집 『피에로의 반나절』 외.

한강 아리랑

한의 뿌리 애절하게 땅을 뚫고 나와
소리하는 여인이 득음하듯
산을 굽이쳐 내릴 때도
아리랑을 되뇌곤 했겠지
아리랑 줄기가 거대한 강을 이루면 소리는
강바닥에 누워 목울림으로 고개를 넘는다
울림의 물결 물안개로 일어나는 옛 나루터쯤에서
씻김굿으로나 만날 치맛자락 젖은 아낙네 혼백을
하얀 흐느낌으로 감싸 굿 가락에 얹어 보기도 했겠지
물결에 마음 띄우면 타래로 엮인 빨래터의 애환도
철교 끊긴 무섭고 슬픈 폭격의 역사도
묵념조차 고삐 풀려 아리랑 춤사위로 흐른다
우리네 강은 한이 고이면 기적도 일으키는 모성母性
서울의 어머니, 대한의 어머니라 불릴 만한 힘으로
빌딩과 아파트 우거진 길을 지날 때도
젊어진 나라가 놀라워 매달리는 가락, 아리랑
혈이 흘러야 일어서듯 마르지 않는 젖줄로 흐른다
강둑에 엉덩이 내려놓고 젖어 보면 안다
한강에는 출렁출렁 멈춤 없는 아리랑 가락
흐른다.

이복현

1999년《문학과의식》에 발표로 작품활동, 대산창작기금 수혜, 시집 『한쪽 볼이 붉은 사과』 외.

나뭇잎 경전經典

가을밤, 달빛에
밤을 꼬박 새운
풀벌레 독경讀經은
나뭇잎 경전에 새긴 말씀!

늦게 온 삶은
비움의 여정

철 지나 돌아보면
푸르던 날 몇 날인가!

가벼운 몸 얇게 말아
안으로 스민, 지금은
부딪히는 말씀마다
뼈에 닿는 아픔이다.

어쩌다 등을 밟히면
바스락바스락
경전이 말을 한다.

이상목

시인·수필가, 국제펜한국본부 회원, 경기수필문학 본상 수상, 저서 『살아있는 세금』 외.

바람 속의 아들

꿈결 엄마 찾는 소리 있어
버선발로 달려가니
사립문 흔드는
바람이었다.

6 · 25 석 달 후
퇴각 북군에 납치된
아들은 스물두 살 서울 유학생

삼 년, 십 년을
그리고 40년을
까맣게 기다리는데…

소식 없고
바람만 차다

이상정

경기펜 사무처장, 홍재문학상 수상 외, 저서 『붉은 사막』 외.

닮음은 끌림을 가져온다

인천국제공항 입국장에서
줄리아를 기다리며
이리 기웃 저리 기웃 못 알아보면
우리보다 먼저 알아보는 조카
기다리는 삼촌의 모습에서
자기 아버지 모습을 보고 다가선다.
조카의 친구 젠이 퍼핀과 노스캐롤라이나 주에서
동행한 맥케린
동생네와 환영인사를 건넨다 진한 포옹으로
잘 왔다고 어깨를 두드린다.
인사를 나누고
로이 형님의 얼굴에서 내 아버지의 모습을 보고
줄리아 조카는 나의 얼굴에서 자기 아버지의 모습을 본다.
핏줄의 지도는 닮은꼴을 낳고 끌림을 낳는다.
줄리아는 언니 루의 얼굴을 사촌인 나의 딸에서 찾고
이렇게 핏줄은 닮음을 낳고 끌림을 가져온다.

이석곡

소설가·시인, 유튜브 인기작가, 한국신문예문학회 부회장, 시집 『전원교향곡』 외.

농부는 예술가

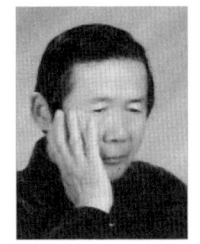

농사를 짓는 것은
단지 먹기 위해서인가

사람을 양육하는 것이
몸과 정신을 키우듯

농부의 눈과 몸을 보라
예인의 손을 닮지 않았는가

이수정

시인·시낭송가, 국제펜한국본부 이사, 독도시인상 대상 외, 시집 『향 기쁨 만남을 위해』

민들레 홀씨 되어

뿌리는 홀씨 어머니
뉘게도 뒤지지 않는다

한설 폭풍 몰아치고
뇌성 번개 천고 울려도
주눅 들어본 적 없다

내 키 비록 나지막해도
뿌리는 키보다 수백 배
한 몸에 수천 시 잉태한다

내가 빚은 홀씨
산들바람에도
천공 높이 높이 난다

어느 옥토 내려앉아
사랑받는 꽃의 향기
기개氣槪 만대 피우고 싶다.

이성환

시인·칼럼니스트, 한국작가회의 회원, 2011년 〈창비〉에서 활동, 시집 『바람을 필사하다』

아버지 냄새

잊지 않기 위해 적는다

광대뼈 도드라진 얼굴
홀쭉 들어간 양 볼엔 고통의 깊이
그래도 눈빛만은 살아 있어
강단진 선비

내 몸 어딘가에
남아있는 당신의 언저리

기억에서 멀어지는 시간의 깊이
나는 당신의 어느 쯤에 머물러 있을까

방구들 등에 지고 누워 있다가도
학교에서 돌아오는 아들 기척에
벌떡 일어나 건재함을 보여주려고 안간힘 쓰던
자식의 아버지

잊을 수 없어서 적는다

세월 흐른 후
자식의 아버지 되어 그리워지는
아버지의 냄새

이삼헌

미당시맥회 회장, 중대문학상 수상 외, 시집 『내 유년의 우체국에서』 외.

이런 바람, 꽃

팔레스타인 소년이
최루탄을 피해 달려가는
무너진 골목으로
벽 잡고 내리는
햇빛 되고 싶어라

표고 사천 미터의 티티카카호* 절벽에
매달려 스페인 병사의 총성에도 굴하지 않고
태평양 파도소리 오롯이
진주로 담아내는
실한 조개이고 싶어라

말 달리던 오천만 인디언의
주검들이 섭씨 오십 도의
애리조나 거친 사막을
작은 모래로 숨어
천년 후에 한 떨기
선인장 꽃으로 피어나 내 손 잡아줬으면

아산만 가까이 솔바람 타고
아침이면 일찍 일어나
맑은 햇살들이 파도처럼 일렁이는
내 유년의 동산으로 나리꽃 업어 날았으면

*티티카호- 페루 볼리비아에 걸쳐있는 표고 3,800m 넘는 조개화석이 발견된 호수.

이순옥
한국문인협회 회원, 제8회 하이데거문학상 수상, 시집 『월영가·하월가·상월가』

개기일식*

우리에게 허락된 시간은 짧기만 하네
죽음의 그림자는 짙기만 하여
나 그대에게 나를 주려 하네
나 그대를 가지려 하네

서로의 몸에 서로를 각인하는 그
시간은 고작
반 각의 짧은 시간이지만
생의 전부를 담고 있는 절절한 열정

한사코 운명을 피하려 하나
그 모든 몸짓이 다 정해진바
숙명으로 한 걸음 한 걸음
걸어 들어가는 것이었음을

손끝에도 음률이 흐르는
생의 끝자락
끝내 지울 수 없는 서운함
많은 날의 기다림을 문신처럼 새겨넣네

* 일각 15분 개기일식 지속시간 최대 8분 실제 관측시간 2~3분

이순자

백일장 다수당선, 한국문인협회 회원, 시집 『홀씨 되어 나비 되어』

태백의 눈꽃에는

폐부에 찌들어간 탄가루는
혈관을 타고 돌고 돌아
그의 숨통을 조여왔다

생명을 담보로 시작되는
하루 일과는 컴컴한 동굴 속을
제 발로 기어들어 가는 거였다

어쩌다 바위틈 사이로 새어 나온
한줄기 눈부심의 아찔한 현기증으로
수만 번 찍어 내리는 곡괭이질

설국열차는 눈꽃열차가 되고
도르래 같던 생의 하역은
현생에서 흑과 백으로 비껴간다

이서빈

동아일보 신춘문예 시 부문 당선, 한국문인협회 인성교육개발위원, 시집 『함께, 울컥』 외.

올챙이를 산란하는 비요일

비요일
유리창에서 올챙이가 끊임없이 태어난다

한 마리 두 마리
끝없이 줄지어
눈썹 휘날리며 곤두박질치며 헤엄치는 올챙이

다리는 뱃속에서 속도를 굴린다

볼록한 비밀에 싸여있던
앞다리 뒷다리
뽕알 뽕알 뽕알 뽕알
우주 깨고 밖으로 나오면
전생을 까맣게 잊는 순간이다

뱀눈알 냄새가 번지는지
체온보다 뜨거운 속도로
휘릭휘릭 유리창 거침없이 질주하는 올챙이

겨우내 땅속에서 어미 젖꼭지 빨면
촉촉한 휘파람 조용히 불어주던 아비 정이 아니라
올챙이는
뱃속에 두고 온
다리를 찾아 달리고 있었던 것이다

투명한 헤엄은 올챙이 울음이었다

마음 심지 낮추고 보니
개구리는 눈 속에 붓다의 염주알 굴리며
올챙이의 무사함을 비는 게 보였다

올챙이국수가 되지 말고
제발, 개구리가 되라고

이영경

동국대학교 문화예술대학원 석사졸업, 인사동시인협회 이사, 시집 『눈꽃』 외.

행성의 움직임

그 순간, 마치 초스피드 한 시간
한 순간의 미끄러짐의 몇 초
큰 행성이 가슴으로 온 날
별을 가슴 속에 품었다

행성이 지구를 돌다가 선택지로 내려온다
바람이 불어오는 여름밤 그 행성
컴퓨터가 습도를 측정하는 시간
바람의 의미를 담아본다
집중의 시간이 몰려온다

별을 세어보고 그리워하며 노래하고
시를 적어보고 시낭송을 한다

'윤동주 행성'에서 시인 윤동주를 알게 된 날
간절함과 믿음 시와 함께한 행복의 순간
유리 밖에서 손 건네주는 소녀의 모습
그 행성에서 살아간다
'오늘 밤에도 별이 바람에 스치운다'며

이영미

교육학박사(상담전공), 대구공업대학교 겸임교수, 누리상담교육센터장.

꽃 사진 걸다

낡은 부츠에 심은
꽃 사진을 본다

아스팔트에 버려진
옆구리 터진 운동화 한 짝 주웠다

씨 뿌리고
설레는 기다림

가슴 한 켠에
꽃 사진 걸 자리 만든다

이영애

시인·화가, 한국문협 전통문학연구위원, 개인전시회5회·국내외그룹전60여회,
시집 『미명을 깨고』 외.

영산홍

립스틱 새빨갛게 발랐어요
천박하다 마시고 날 보러 오세요

가슴이 터질 것 같아요
타오르는 이 마음 불꽃입니다

활짝 연 마음에 아무 말 없다면
그대 가슴은 사막입니다

미소라도 지어보세요
그럼 사랑의 샘물이 솟을 겁니다

이옥진
한국시인협회 회원, 바움작품상 수상, 저서 『따뜻한 고요』

허수아비

누군가를 사랑하는 일은
저 곡식이 무르익기를 기다려 바람에
곁가지 내어주고
충만한 미소로 흔들리는 것이다
아서라 비록 짝사랑이라 해도
빈 들판 휑한 외면으로 답할지라도
너의 눈빛이 그를 지켰으니
누군가를 사랑했음으로 너의 그 긴 시간이
노래로 들판을 가로지르지 않았는가
누추한 옷가지 햇살에 그 빛바래어도
부족함 없이 너는 행복했노라
언젠가 육신은 너덜거리며
사그러드는 목숨 여윌 때
지나간 먼 슬픈 시간 떠올릴 작은 기억 하나
아스라이 품지 않았겠는가
누군가를 사랑하는 일은 네 마음
말할 수 없는 뿌연 기쁨으로 그득 채우는 일이다

이승룡
제주출생, 《서울문학》 시부문 등단, 한국문인협회 회원, 서울문학문인회 회장,

내 누이들

하기야 뭐 그땐 그랬지.
모두 다 힘든 시절이었으니까.
어무니 홀로 계신 고향 집에서 오랜만에 재회한 큰누이, 안방에 걸린 아부지 사진에 먼지를 닦아내며 응어리로 남아있던 어린 시절 기억들을 더듬고 있다.

뭘 그리 꾸물거리냐는 아부지 호통에 누이들 새벽녘 일어나 두어 시간 밭일 돕고 나서 등교 시간 늦었다며 씻는 둥 마는 둥 하고 울며불며 학교로 뛰어가던 날들.

비가 온다는 라디오 일기예보에 비상이 걸려 우리 누이들 늦은 밤까지 밭에 나가 별을 보며 감저 빼때기*를 줍고 있을 때, 난 공부한답시고 책상머리에 앉아 책을 뒤적거리던 날은 또 몇 번이던가.

군軍 출신이던 아부지는 참 완고하기도 하셨지.
기상 시간 새벽 다섯 시, 통금시간은 저녁 아홉 시.
어쩌다 한번 귀가 시간 조금이라도 늦는 날엔 가차 없이 아부지는 부지깽이로 매를 들었었지.

식사할 때마저도 어머니와 누이들은 부엌에 모여앉아 양푼이 채로 꽁보리밥을, 아부지와 나는 방안에서 쌀밥을 섞어 따로 먹었던 일 일들.
누이들, 나 기억하오. 또렷이 기억하오.

지금은 모든 애증의 세월 넋두리 속에 녹이며 외려 술을 좋아하던 아부지 안주 더 챙겨 드리지 못해 일찍 돌아가셨다고 못내 아쉬워하는 큰누이의 목소리가 가늘게 떨리고 있는 것이다.

그 시절 다 그랬고 모두 힘든 때였지만 내 누이들 고생 많았지. 참으로 고생 많았지. 학교도 제대로 못 다니고 취업전선에 뛰어든 누이들 눈물겨운 희생 덕에 나 여기까지 왔소.

누이들, 미안하오. 그리고 참으로 고맙소.
잊지 않으리다. 나 잊지 않고 살리다.

* 날 고구마를 납작하게 썰어 말린 것. 주로 소주 주정으로 사용됨

이은송

한국문인협회 회원, 창조문학상 대상 수상, 시집 『둥지로부터의 자유』 외.

나의 모두는 너의 것이 되기를

은유가 아니었던들
어찌 거친 늑대의 울음을 이해했으랴
사람이 사랑인 것을
순번을 어긴 사랑을
누군가에
순번 없는 사랑이 되어 봤는가
능금색 하나를
온전히 바쳐본
사람의 사랑이 되어 봤는가

이의영

서초문학회 부회장, 세계시문학상 수상, 시집 『어느 풀꽃의 랩소디』 외.

종이학

천 번을 그려보는 정모情貌*

구길 수도
더럽힐 수도
던져버릴 수는 더욱 없는
그대 향한 날갯짓하는 한 마리 종이학

학 같은 당신은
학처럼 날아오르고
둥지 떠난 학, 잡을 수 없는 당신

그 간절한 애태움에
나는 종이학을 접습니다

천 번을 접어도
짙어만 가는 사모思慕

빈방에 넘치는 크고 작은 종이학
그러나
날지 못합니다

* 정갈한 모습

이영균

시인·아동문학가, 한국문협 문인권익옹호위원, 제14회 올해의 갯벌작가상 수상.
시집 『꽃씨가 될 때까지』 외.

봄 지피는 부뚜막

부뚜막이 무쇠솥을 견디다 보면
밥 짓는 일은 솥이 하는데
부뚜막이 허옇게 머리를 풀며
아궁이 붉은 용트림에 녹아난다

그쯤 솥도 게거품을 물고 울며불며 밥 짓기를
냄새가 십여 리(距離)는 족히 번져
까치도 굴뚝새도 짖는데
정세에 나그네 시장기 물고 늘어지는 개소리

짖기에 지은 밥은 선 밥이나
삶, 시장이 반찬이란다

뼈 부서져라, 밥 짓는 아궁이에
먹겠다 짖는 아궁이(아가리) 따로 있어
세상 봄이면 그 나물에 그 밥인 듯 흐지부지나
잘 살펴보면 몸 따로 맘 따로 따로따로니

나물 따로 밥 따로요 판도가 따로국밥이어서
촛불(눈물) 짓던 군중 같아 봄 오기 막막하여
밑 빠진 솥에 봄 지피느라
녹아나는 아궁이 속 불꽃들

이오동
시인·수필가·시낭송가·한복모델, 대지문학회 편집위원, 세계환경문학상, 시집 『먼지의 옷』 외.

약속을 접다

배다리 책방 지하 갱도
좁은 책장 사이 문장을 채굴한다

묵은 먼지를 털어내자
숨었던 글자들이 일어선다
얼마의 시간과 사람들을 거쳤기에
곰팡냄새도 여기서는 향기가 될까
순서도 위아래도 없이 꽂혀있는 손때 묻은 책들
접힌 자리에는 무슨 날 선 비밀이 있을까
책갈피 나뭇잎과 밑줄의 의미는 무엇일까

접힌 부분을 펴자 투명한 비밀이 열린다
한순간의 결정에
이전은 과거형으로
이후는 미래형으로 남았다
어둠과 밝음을 떼 놓을 수 없는 것처럼
과거와 현재가 한 면에 있다

접힌 계단이
먼 길을 축소한 완성이듯
접었다는 게 포기했다는 의미가 아닌
다음의 기약일까

웃고 눈물 흘렸을
과거의 잊힌 꿈을 발굴해서
누군가의 거짓이 된 약속을 대신 완성하고 싶다

이인애

아태문인협회 사무국장, 인사동시인협회 운영이사, 저서 『마음에 평안을 주는 시』 외.

댓글 놀이

기필코 다짐한다
선을 넘지 않으리라
폴리스 라인 밖에서
숨바꼭질하리라

단체 톡방 이랑에
메아리 심으며
더 울창한 숲이 되기를
풍성한 게임을 벌이기로

칠칠치 못한 내 그림자
어느결 쪽빛 바다를 건너
사선을 넘나들다가 이내
붉은 피 살점까지 토해 놓는다

오늘도 나 체포되는구나

이재관
팔도문학회 회장, 계간문예작가회 이사, 시집 『레드와인 닷컴』 외.

책장을 넘기며 때꼭 · 2

웃기는 것은 술래가 된 내가
나를 잡으러 다니는 일이다

수풀 속에서 왜 톡톡 튀느냐
비집고 행간 지나 가장자리로 가서
둘레길의 여백餘白을
만나야만 풀려, 때꼭!

까칠한 계절엔
여백에 침을 많이 발라야 해
진동수를 삭히는 소화제니까
절벽 위 침 자국에 초막을 짓자

넘기고 또 넘기면 절벽은 낮아진다
드디어 마지막 장에 이르면
아슬아슬한 나의 한계령嶺
한숨 돌린 나를 잡는 맛이
일품이다 때꼭!

이원용
황야문학 운영위원장, 한국문학신문문학상 수상 외, 시집 『날지 않는 나비』 외.

철마의 기도

경성을 떠나 원산으로 달리던 철마 한 조각이
기적 소리 숨을 멈추고 월정리역
눈물의 플랫폼에 서서
저 멀리 포화에 벗겨진 백마고지와
침략자들의 모략지였던 노동당사를
쳐다보며 서 있네
반나절 걸어 오르던 산등성이에 쳐놓은
삼팔선 철조망이 길을 막아
가고 싶어도 갈 수 없는 분단선이
한이 서린 고갯길이 되어
민주의 품속에서 숨을 멈추고 기다리고
아직도 저 이름 모를 고지에는
적의 포성에 눈과 귀가 멀어
고향 가는 길을 잃은 목숨들이 흐느끼는데
이념의 손길이 그려 놓은 철조망 앞에
총소리는 잠시 멈추었지만
가시보다 더 날카로운 눈초리들이 남녘을 내려다보네

하늘이시어
녹슨 철마에게 기적의 목소리를 가르치시어
달려가던 습성이 살아나게 하시고
하늘을 오고 가는 저 새들에게
평화의 씨앗을 물어다 북녘에 뿌리게 하소서

민족의 한이 서린 저 분단선을 지워주소서

이재성

춘천 출생, 한맥문학가협회 부회장, 불교문학작가상, 시집 『사랑 그 타는 허무』 외.

양귀비

네가 당나라 현종의 맘을 사로잡은
세상에서 제일 예쁘다는 여자냐
네 어여쁨이 사람들의 발목을 잡고
두 눈을 빼앗아 세상을 어지럽히는구나

부들부들 떨다가도 네 침 한 방에
세상 근심 걱정 다 잊는단 말이냐
쾌락과 고통은 샴쌍둥이
대한의 젊은이들 앞날이 걱정이구나

19세기 아편전쟁으로 중국의 왕조는 몰락하고
영국은 홍콩 통치권 100년을 누렸다

양귀비에 취해
생명의 뿌리 썩어 가는 줄 모르고
밀려난 인생 어디서 보상받나

이정식

한국문협회원, 경산문인협회 회장, 시집 『정식 두 그릇』

석탑

고즈넉하고 외로워 보이는 곳이
제 자리인 줄 아는가 보다

치우침이 없는 책상다리 버팀은
층층의 맵시 하늘 향하고

천년 묵언 수행 어제 해제한 듯
한 소식 고픈 님들 손 모아 고개 숙이면

해그림자로 답하고 달그림자로 답하며
솔바람 조금으로 제 몸단장하는

이제우

서라벌예대 문창과 졸업, 중앙대문인회 이사, 미당문학회 이사.

나비의 여정

한 초롱 꽃물로 울 터진 꽃밭
실바람을 접어가던 노랑나비가
꽃 위의 꽃잎으로 사뿐 돋아난다.

온몸에 햇살로 분을 올려 입고
머물기도 아쉬워 풀어내는 막춤에
꽃잎은 소스라쳐 추임새를 넣는다.

짧은 입맞춤을 꽃과 나눠 갖고
한 소절의 향기까지 넘놀다가
너울성 감동으로 나비는 청산 간다.

누군가를 부르는 간절한 손짓처럼
가라앉을 듯 날아오르는 나래짓으로
꽃에서 씨앗까지 접어가는 나비의 여정.

이주식
2013년 문예사조 등단, 제천시청문학·제천시문협 회원, 시집 『달빛 물결』

태백산 주목

모진 세월을 견디며
허물을 껴안고 치열하게 살아
살아도 산 것이 아닌
겨우 붙은 줄기와 잔가지를 이끌고
성지 순례길에 올라
오체투지 수행을 한다

비바람에 초연한 육골
죽어도 죽은 것이 아닌
비바람의 꽃을 피워
향기를 머금고
뭇 생명의 영혼을 씻고 있다

산 자와 죽은 자가
한데 어우러져
운무를 한 장 두 장 펼치며
오천만 대장경을 찍고 있다

이재섭

시인·수필가·사회정책학 박사, 서울신학대학교 교수, 한국문예춘추문인협회 수석부회장.

내 슬픈 전설의 이야기

그년이 바람 난 게야
바람이 잔뜩 나서
수풀을 찾는 참새처럼, 어느 날 저녁
내 품에 숨어들어 왔어
아침에 몸을 씻고 길을 나선 듯
고개를 숙일 때마다 머리에서 비누 냄새가 났어
새파란 것이
그렇게 내게로 왔어
바람난 그년은
굴곡 없이 가는 몸매에 분홍 원피스를 입고
남색 반코트 차림인 채 훌쩍 내게로 왔어
아무 무서움도 모르는 애처럼
한참이나 나를 쳐다보고 웃다가
뜬금없이 울기도 했어
그렇게 내게로 온 뒤론
매일 독한 양주 한 잔씩을 하곤 떠돌아다녔어
가끔 나를 다시 찾은 날에는
무릎에 누워 작은 목소리로 노래 불렀어
4월의 노래, 목련꽃 노래를 흐느끼듯 불렀어
그년은 나를 B512호 혹성에 사는 소년으로 여겼어

"네가 장미를 사랑해도 괜찮아,
지워지지 않는 네 흔적이 있으니까"
아무 바람도 없는 백치처럼 그렇게 웃기만 하다가
슬퍼하는 나를 비웃기라도 하듯
그녀는 홀연히 내 곁을 떠났어
4월의 꽃샘추위가 몰아치던 날
봄비 한 번에 미련 없이 떨어지는 벚꽃 잎처럼
하늘에든 땅에든 바다에든
어쩌면 아주 먼 나라로 갈지도 모른다고 했어
몸에 달라붙는 분홍 원피스와 남색 반코트 차림으로
여린 몸매를 한 새파랗게 젊은 그녀는
그때 아주 바람이 났던 게야
가방 하나 들고 두려움도 없이 내게로 왔어
나를 혹성에 남겨놓고
아무 말도 없이 지구별로 떠나갔어
아주 오래전 태풍이 지나간 세월이지만
지금도 선명하고 또렷해

이향아

호남대학 명예교수, 윤동주문학상 수상 외, 시집 『눈을 뜨는 연습練習』 외.

불편한 세상

내 몸 어딘가가 수상하다
엄지발가락 발톱 밑인지, 발바닥인지
나는 늘 타이르며 살았다
산다는 것은 견디는 것이라고,
어지간한 아픔은 참으며 사는 거라고
세상 한구석은 으레 어긋나서 맘에 들지 않지만
모두들 조금씩 부대끼며 사는 거라고

오늘 아침 느닷없이 견딜 수 없는 것은
타락한 거지
나도 모르게 참을성을 잃고 경망스러워진 거지
세상은 애초부터 편치 않은 곳이건만
호강에 초를 치고 잊어버린 것이지
나 이러다가 큰일 저지르겠다
아무래도 큰 병원에 가고야 말 것 같다
어찌할거나
겨우 발톱 같은 것을 가지고
겨우 발바닥 같은 것이나 데리고

이혜숙
제주대학교 의과대학 학술연구 교수, 아태문인협회 이사.

질문과 대답

여기가 어디고?
넌 누구냐?

반복되는 질문
고된 병원생활

여긴 어디이며
나는 누구인가?

수많은 별 중 지구별
이곳에서 만나
어머니와 딸로 만난 인연

억겁의 세월이 흐르면
다시 만날 수 있을까?

질문할 수 있는 의식이 있음에
감사하며
그 생각조차 사라질까
온몸으로 대답한다

이희국

가톨릭대학 외래교수, 《시문학》 등단, 한국문학비평가협회 작가상, 시집 『다리』 외.

다리

섬으로 가는 다리가 놓이고
사람들은 걸어서 바다를 건넜다
어린 시절 그런 대교 같은 선생님은
나의 다리였다

밤늦게 집으로 돌아오시던 부모님
나는 어둑할 때까지 교실에 남아 책을 읽었다

창밖에 눈이 내리던 날
어깨를 감싸는 따뜻한 손,
국어 선생님은
내 손을 잡고 교무실로, 집으로 데려가 주셨다

외진 구석에 피어있던 꽃, 어루만지며
목말까지 태워주신 사랑은
겨울에서 봄을 이어주는 다리였다

창밖에는 그날처럼 눈이 내리고
꼬리를 문 차들이 어둠을 밝히며 영종대교를 지나고 있다

바닷물 위에 길이 환하다

이희선

한국문인협회 서정시연구위원, 황진이문학상 수상, 시집 『멈춰선 그리움』 외.

자연의 서사시

가을 햇살이 또
한 뼘 줄었습니다
겨울을 재촉하는
자연의 섭리겠지요

우리네 인생도 한 발자욱 더
본향을 향해 가겠지요

계절은 또다시 돌아오지만
지금 이 순간 우리는
다시 오지 않음을 압니다

스산한 바람이 서늘한 가슴을
여미게 합니다

화려한 단풍도 옷 벗고
나목으로 돌아가 텅 비어가는
거역할 수 없는 우주의 질서

많은 생각에 잠기게 합니다.

이창식

월간신문예 시로 등단, 초등학교 교장 역임, 경남창녕교육장.

신선 동자

우리 아버지,
아들들만 겨우 알아보는 듯
"내사 잘 먹고 잘 살제"
씽긋한 말씀 그 한마디뿐
동자 같은 신선이 되셨다

벼르다 벼르다
신선 따라 신선이 되고픈 한밤
아버지가 일 보신다
산봉우리에는 어찌 달랑 오르셨을까
평생 몰랐던 아버지 향기가
나를 들어 올린다

넌지시 보물단지 훔치려는데
"내가 할끼다!"
'어이쿠 신선님, 이제 그림 인기 없어요'
'내 속내다 이거!'

그 속내 더는 보여주지 않고
하얀 바람 타고 고향 산봉우리 넘어
꽃구름 되셨다

오늘, 카네이션
아버지의 속내가 가득 스몄다

이희자

1983년《월간문학》으로 등단, 윤동주문학상 수상 외, 시집 『소문 같은 햇살이』 외.

슬픔을 말리다

젖은 수건을 넌다
햇볕 잘 드는 쪽으로
꽉 비틀어 물기를 털어낸
수건 속에는 어릿한
상처들이 숨죽여 있다

돌아서 흘린 눈물도
때로는 약이 되는지
내 안에 꼬물대던
세상 일이
잠시 고요하다

산다는 것은 혼자 흘리는
눈물 같은 것인가
아무도 잡아주지 않는 슬픔이
젖은 수건 안에서
천천히 떠나고 있다

임애월

계간《한국시학》편집주간, 경기펜 부회장, 전영택문학상 수상, 시집『사막의 달』 외.

장마

한 계절 내내 비가 내렸다
헤어날 수 없을 만큼
질퍽거리는 어둠 속에서
더 이상 버티지 못해
터져버린 물꼬처럼
콸콸 흘러가 버린 새벽과 그 숲의 무성함
아침마다
물에 팅팅 불은 발등을 붙잡고
여물지 못해 창백해진 것들의 아우성을 듣는다
습기로 가득 찬 온몸 구석구석
어느 젖은 가지의 관절 기어이 터지고
푸르른 선혈, 빛처럼 쏟아져 내린다
아직도 이승의 시간처럼 무거운
구름의 두께 너머
요즘 들어 귀가 어두워지신 하느님
농부들의 하소연 듣지 못한다

이현경

한국신문예문학회 이사, 제20회탐미문학상 최우수상, 시집 『허밍은 인화되지 않는다』 외.

기억이 풍화되고 있다

갑자기 소낙비가 내린다
반쯤 열어놓고 온 창문이 불안하다

빠른 걸음으로 불안 앞에 도착했는데
시간의 안쪽이 젖어있다

늦가을 어느 날
119 사이렌 소리가
도시의 거리에서 요란하게 들린다

가슴에서 가스불이 타오른다
되돌아와 가스레인지 앞에 섰다
가스불은 블랙 타임 중이다

가끔 생기는 불안증이, 불안을 복습한다

어떤 하루는 거리에서
타인의 통화 소리에 가방을 뒤져보니
스마트폰이 부재중이다

방에서 충전기와 짝짓기 하고 있는, 폰
괴물을 들고 다시 도시 속으로 나왔다

건망증을 들고 다니는 여자

기억이 풍화되고
뇌의 회로가 조금씩 지워지고 있다

문득 생각한다

눈이 흑백으로 흐려지고
귀마저 소리의 표정을 잃어버리면
내가 나를 그리워할 수 있을까

미래가 글썽인다

이 효

아태문협회원, 인사동시협사무국장, 제5회아태문학상 수상, 시집 『당신의 숨 한 번』

폭포를 Ctrl V 한다

거대한 절벽의 엔진 소리
브레이크 없는 직선
바퀴에 손톱을 세운 물줄기

남자의 핸드폰 속
물 먹은 웅크린 빛 독촉장

누가 그의 하늘에 두꺼운
회색 페인트 칠해 놓았을까
반지하 창살, 신혼의 커튼 떨어진다

밤마다 폭포를 내려다보며
수천 번도 더 타전했을 그
바위에 붙은 손금, 택배 같은 하루
솟구치는 이자는 수천 수백 방울

물방울이 血이 되는 순간
여기가 끝이라 생각하는

거대한 회전문이 열리고
바닥은 깨진 별들의 방향이 아니고
낙태되지 않는 꿈이 튀어 오른 양수다

손금에 꼿꼿한 햇살이 길을 낸다
폭포를 다시 너에게 Ctrl V 한다

임보선

1991년 월간문학 등단, 제29회 동포문학상 수상 외, 시집 『내 사랑은 350℃』 외.

벚꽃잎

사월의 화사한 벚꽃놀이는
치열한 몸부림 삶의 현장
경쟁으로 앞다퉈 핀 빽빽한 벚꽃잎
젊디젊은 푸른 취업자의 화려한 이력서

비바람에 속절없이 떨어진 벚꽃잎
사월 속에 한겨울 눈밭길
밟히는 꽃잎들의 신음소리
꽃잎보다 가벼운 나그네의 자격증

고정된 하루 정직한 계절
하루해가 참 모질게 길다
잔인한 사월의
슬픈 벚꽃잎 잔치.

임완근
남북경제협력진흥원 원장, 통일문학상 수상, 저서 『오마니 나의 오마니』 외.

잡초

엊그제 꽃들의 편을 들며
뽑아 버린 잡초들이
열기를 식히는 여름 소나기의
응원에 다시 힘을 받았는지
작은 꽃들과 키를 재며
질척이는 앞마당을
빈틈없이 채워 간다
단 한 번도 편들어준 적이 없는
잡초들의 저항은 누구를 닮았을까
아무리 뽑아내고 드러내도
돌아서면 다시 솟아올라
거친 들판에 푸르게 수를 놓는 용기는
어디에서 오는 것일까
북녘 메마른 땅에서
숨죽이며 살아가는 빈곤의 삶에
여름 폭포같이 시원한 빗줄기가
쏟아져 내리게 해 볼 수는 없을까
한 손 높이 치켜들고 눈 부라리는
저 무리들의 웃음소리를
멈추게 할 수는 없는가.

임하초

시인·수필가, 한국문협·국제펜 회원, 시집 『영혼까지 따뜻한 하늘 우러러보다』

가을이 처음 올 때

차분한 떨림으로 온다
귀뚜라미 소리처럼

눈부신 여름의 속살 무를 때까지
기러기 울음 따라서 천천히 온다

눈 시리지 않게 온다
하늘도 멀찍이 떨어져서

어울림 되려
영롱한 서릿발에서 또 사치를 부리겠지

마른 꽃대에 기대어 올 것이다
석양의 은은함을 바라보며

닫힌 창문까지
사랑스러운 쓸쓸함이 다가올 때

눈물로 뒤척일 새벽
아픈 가을이 처음 오려 한다

장진주

유한대학교 자유전공학과 교수, 제23회 문예사조문학상, 공저 다수.

김치

하얀 살결 푸르른 꿈
꽃같이 탐스럽게 피어났지
뼈덩뼈덩 대가 세다고 할지라도
뒤에서 칼을 꽂는 이
열십자로 서걱 나를 베어도
하얀 웃음을 머금은 채 소금을 물었다
눈물에 잠기고 숨을 죽여서
자아를 절이자
문설주마다 피를 바르고
때를 기다리자
곧 오실 이 나를 보시면
오 참 잘 익었구나

임보

서울대 국문과 졸업, 충북대 교수, 윤동주문학상 수상, 시집 『은수달 사냥』 외.

씨들의 길

움직일 수 없는 식물들은
그들의 자손인 씨가 여물게 되면
여러 가지 방법을 택해
바깥세상으로 내보낸다

어떤 놈은 흘러가는 물의 힘을 빌기도 하고
어떤 놈은 동물들의 몸을 이용하기도 한다

동물들의 몸에 붙어 옮겨지는 놈도 있지만
대개는 맛있는 열매를 빚어
동물에게 제공하고 그 대가로 씨를 옮긴다

그런데 이들과는 달리
환상적인 방법으로 씨를 떠나보내는 낭만파도 있다

씨앗에 깃을 달아 바람에 날려보내는
저 민들레나 엉겅퀴, 하수오, 박주가리들의
눈부신 활공을 보시라

바람의 갈기를 붙들고
허공에 길을 내고 있는 족속들
우화등선羽化登仙이 따로 없다

장해익

시인·수필가, 한국신문예문학회 명예회장, 한중문화예술 대상, 저서 『백원짜리 인생』 외.

두물머리의 기원

그때 그 여름
이념의 갈등은
결국
눈물 먹은 이별이 되었다

슬픔이
외로운 구름 되어
혈육 찾아 헤맨 지
칠십여 년

두물머리는
숱한 세월을 씹으며
두물의 어울림을 빌어 왔다

남북이 서로 깨우쳐
얼싸안게 되는 그날이 오면
아! 그날이 오기만 한다면
남북한강의 물도 재회의 춤을 추리라.

장현선

국제펜한국본부 회원, 부산시인 협회 회원, 저서 시와 산문집 8집.

요행

무언가 잃고 나면 뜻밖의
요행 심리에 기대어 봅니다
지구의 허파 밀림 숲들이
탄소를 빨아 줄 폐활량을
잃을까 아쉬운 마음입니다

새벽 창가에 손 내민 오로라
청초한 토파즈 빛의 여신이여
어둠의 너울을 벗겨 주소서

해협 구석진 응달에 웅크린
타이타닉을 조망하려고 나선
존귀한 잠수정도 영어의 몸으로
비극의 테마를 외우며
해오라기 뜬 표표한 물살에
멀리멀리 밀려갑니다 힘센
바다의 용사 포세이돈 그들을
손잡아 주소서

임소리

피아노 전공, 예술기획 석사, 문화예술교육사, 〈풀잎소리오카리나〉 대표.

내 그림 속에는

해 질 녘 석양을 바라보며
말 없는 침묵 속에
그 누군가와
이야기를 시작합니다

붓을 들고
가슴에 묻어둔
그리운 이
사랑하는 이
먼 하늘 속에 웃고 있는
그들의 얼굴을 그려봅니다

바람결에 흔들리는
꽃잎과 나뭇잎들
노을에 반사되는 분홍빛
"나 여기
홀로 있지 않아요" 합니다

내 눈과 가슴에
그리고
그림 속에 모두
지금 그들과 함께 있습니다

임충빈

한국문인협회 안성지부장, 제20회 안성시문화상 수상, 시집 『장맛처럼』 외.

정은에게 띄우는 편지

김소월의 시, "영변 약산藥山 진달래…,"
너무 좋아서 암송하며 그리워서
가보고 싶었는데
세월 지나니 핵시설만 390송이로 가득해
우릴 위협하는 흉기로 돌변하였다니 놀랄 뿐이다

두고 온 고향을 못 잊는 실향민 800만 가족들
70년간 맺힌 한, 응어리를 풀고 갈
온누리에 자유의 꽃, 평화의 열매 영글도록
핵을 버리고 개혁·개방에 나서야 한다

세계가 안 된다는 핵을 가져 무엇에 쓰랴
너 죽고 나 살자는 심보는 더 이상 쓸모없다
남쪽이 가진 힘, 세계가 인정한다
미국이 보유한 자산을 중국도 겁낸다

정은아! 더는 버티지 말거라
그까짓 쇠붙이 뭣 때문에 집착하는가
미국이 미소 짓고 남쪽이 웃을 때
굳게 약속해라, 우리 모두 잘 살자고

기대한다.
정은아, 완전한 비핵화에 도장을 꾹 찍어라
그래야 한강의 기적처럼 대동강의 기적도 가능하다
인민이 그토록 원하는 고깃국에 이밥을 배불리 먹을 수 있다
장마당 대신에 마트가 생기고 자가용이 넘쳐난다

전산우

한국신문예문학회 자문위원, 제1회시산문학상 대상, 시집 『사랑을 하면 가을도 봄』 외.

저 여인의 주름살은

저 여인의 주름살은
가을걷이를 끝낸 밭고랑이다
바람결에 너풀거리던 것들
다 어느 아들놈 뒤를 닦아 주고
땅속에 숨어 자라던 것들
다 어느 딸년 밑에 집어넣고
빈 들을 저렇게 바라보는가
저 여인의 주름살은
한평생 흔들어 대던 풍랑이다
비바람 속에서 건져 올린 것들
다 누구 입에 넣어 주고
눈보라 속에서 낚아 올린 것들
다 어디로 실어 보내고
먼 바다를 저렇게 바라보는가
저 여인의 주름살은
당신 엄마의 얼굴이다
저 여인의 주름살은
우리 엄마의 얼굴이다

전세중

한국민족문화연구소 소장, 공무원문예대전 동시 최우수상, 저서 『봄이 오는 소리』 외.

우리 집과 바다

우리 집엔 이따금씩 바다가 밀려온다

"싱싱한 생선 있어요. 간밤에 잡았어요"
옆 마을 아주머니가 푸른 물결 이고 온다

이른 아침 갈빛 햇살 마루에 드리우고
철썩이는 파도 소리에 집안이 술렁인다

은비늘 번쩍일 때마다 비린 냄새 넘친다
가자미 고등어 멸치 미역 줄기 풍성하다

어머니는 쌀을 주고 바다를 건네받는다
골목길 한없이 넓은 동해파도 철썩인다

전순선

경기문협저작권옹호위원장, 제12회백교문학상 수상, 시집 『직립의 울음소리』 외.

바벨탑

저 하늘까지 닿아서
창조주와 대등하겠다는 무모한
인간들이 힘을 합쳐 거대한 탑을 쌓고 있다
神께서 대로하시어
언어를 서로 다르게 하사
불통으로 흩어져 더 이상 탑을 쌓을 수 없었다

현대판 바벨탑*
세계 인류에게 닥친 코로나 전염병
모이지 말고 흩어져라 호소한다

뭉치면 죽고
흩어지면 산다 라는
웃지 못할 명언이 나돌고 있다
각자 사는 것이 잘 살아내는 것이라고
사람의 경계심도 일상이 되었고
과학도 백신도 안심 못하는 이상한 세상이다
인간의 어리석음 어디까지일까

* 구약성서에 기록된 탑

전영모

한국문인협회 서울중구지부 부회장 역임, 제9회 현대시 작품상 수상, 시집 『제 그림자의 그늘』 외.

K-밥, 손맛

묵은지 송송 썰어 끓인 김칫국
조물조물 무친 산나물
굴 넣은 시금치국에
봄은 훌쩍 가버렸다

보리밥에 열무김치, 고추장 넣고 쓱쓱 비벼
오이냉국, 가지나물, 된장에 찍어 먹던 풋고추 맛
여름 더위도 한풀 꺾였다

단물이 든 가을배추 겉절이, 무생채에
가을은 짧게 지나간다

텃밭 김칫독에서 꺼내온 배추김치 쭉쭉 찢어
삶은 고구마에 걸쳐 먹고
살얼음 동동 뜬 동치미 국물 마시던 겨울밤

어머니 사랑과 정성으로 사계절이 지나갔다

K-밥 손맛, 한국의 친환경 음식
세계의 먹거리 문화가 될 수 있겠네

정계문

한국신문예문학회 이사, 은점시문학회 사무국장, 인사동시인협회 회원, 〈은하수〉 詩동인 회장.

외발로 선 몽돌

봄날,
뭍의 끝에
외발로 서면

떠오르는 물의 그림자
점점 길어지는 것은 왜일까

두고 온
꽃들의 유혹과
사치로 굳어진 가면이
수면 위로   떠오른다

발의 기억을 지운
물새의 눈빛은 번뜩이고

수면 아래 발을 숨긴 물새
부리가 자맥질하는 찰나를
묵묵히 내어주는 수면

높낮이가 없는 수평의 논리에
파도가 밀어낸 몽돌이 진해진다

정교현

한국문협 양천문협 회원, 현대시인협회 회원, 신문예문학회 지도위원, 재경문우회 총무이사.

우리가 바라는 세상

소박한 삶이라도 좋다
위대한 것이 아니어도 좋다

이성理性과 합리合理가 서로 통하고
자유와 평등이 넘실대는 세상을 원한다

황금과 권력을 추구하는 자들은
행복지수를 떨어뜨릴 뿐이다

음지에서 양지를 지양하며
어느 곳에 살고있어도 희망의 등불이
꺼지지 않는 세상이면 족하다

개인의 사익에 매몰되어 인간성을 파는
인간 자판기를 경멸한다

인간 본연의 양심과 순수성을 지키는
지성인이 주인 되는 세상을 소망한다.

정근옥

시인·문학비평가·문학박사, 신문예문학상 대상 외, 시집 『자목련 피는 사월에는』 외.

초당에 앉아서

얼마나 더 견뎌내야
노을 속에 그을린
저 쓰라린 세월이 잊혀질까

고향집 문고리에 핀
서리꽃
새벽별이 되어 빛나고 있는데

잔잔한 녹차잔에 어리는
두고 온
어린 것들의 눈동자

마음 다독이며 편지를 쓰는데
붓끝이
얼어붙어 말문이 막히누나

하피첩에 묻은 눈물
늦갈 바람에도 마르질 않고
별처럼 촉촉이 젖어있구나

정덕현

아시아서석문학 경인지회 사무국장, 시흥예총예술인상 수상, 시집 『자연을 훔친 도둑』 외.

봄이 쓴 편지

봄은 나보다 먼저 시를 쓰고
바람도 나보다 먼저 시를 쓴다

봄이 새싹으로 쓴 시
바람이 꽃의 향기로 쓴 시

난 잘난 척 해보지만
실은 아는 게 별로 없다

그러니 어찌 봄이 쓴 시를
해독할 수 있으랴

봄은 아름다운 세상 이야기를
시성詩性의 깃발로 유혹한다

나도 한 번쯤 멋지게
쓰고 싶은 생각에

꽃 속으로 들어가
봄을 필사해 본다

전희종

이리여자고등학교 교장 역임, 원광대 강의 교수 역임, 신문예문학회 부회장.

마음의 길

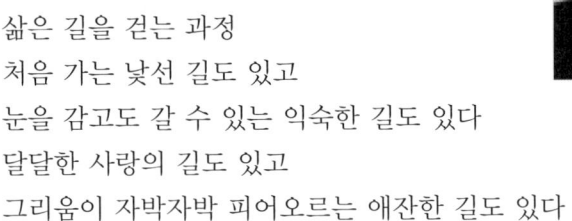

삶은 길을 걷는 과정
처음 가는 낯선 길도 있고
눈을 감고도 갈 수 있는 익숙한 길도 있다
달달한 사랑의 길도 있고
그리움이 자박자박 피어오르는 애잔한 길도 있다

험난한 자갈밭길도 있고
꽃길도 있다
이왕이면 꽃길을 가고 싶지 않은 사람이
어디 있으랴

어제 걸어갔던 길
오늘 걷고 있는 길
내일 걸어갈 길

세계의 모든 길은 로마로 통했듯
삶의 모든 길은 마음으로 통한다
마음이 내키지 않는 길은 가지 마라

길을 나서기 전
마음의 속삭임에 귀를 열어라
시공을 초월하여
삶의 등대가 되어주는 마음

마음이 있는 길에
네 잎 클로버의 행운도 있고
꽃길도 있다
꽃길을 가기 위해서는 마음을 잘 다스릴 일이다.

정송월

한국신문예문학회 이사, 아태문인협회 운영위원, 공저 다수.

아들의 눈물

손바닥에 많은 눈물이
새겨져 있는 줄 몰랐구나
아들에게는 꿈만이 가득 담겨
아름다운 꽃만 피우는 줄 알았는데
내가 보낸 장갑을 끼고
네 손에서 돋아난 가시로
피가 뚝뚝 떨어져 물들였다니
진정 몰랐구나
이 에미는 설마 했는데
네 작고 연약한 손에
슬픔과 아픔의 찬송을 쥐어 주었다니
세상이란 게 울다가도 웃고
웃다가도 울 수는 있겠지만
백합꽃처럼 향기나게
부디 행복하여라
세상이 온통 풍랑 일 때에도
별 구름 쏟아져 내릴 때도
너는 사랑으로 그들을 위로해 주렴
부디 넌 행복하거라.

정순영
1974년 《풀과 별로》로 등단, 부산문학상 수상 외, 시집 『시는 꽃인가』 외.

숫눈길을 가며

억겁의 소슬바람 스치는
자드락 비탈 겹겹이 쌓인 지층인 냥
여명 빛 앳된 유년의 미소가 눈물겹도록 그리운 추억으로
한 층에서는 섬진강물에 멱을 감고
한 층에서는 닿으면 온몸이 저리는 첫사랑 나비가 날고
한 층에서는 고난의 나뭇가지 사이로 완행열차의
기적 소리가 들리고
한 층에서는 논틀밭틀길가에 핀 해맑은 풀꽃들을 데리고
가없는 하늘 쪽으로 난 숫눈길을 걸어가고 있다

정끝별
이화여자대학교 교수, 소월시문학상 수상 외, 시집 『모래는 뭐래』 외.

이건 바다코끼리 이야기가 아니다

빙하가 녹아내리는 알래스카에서는

지느러미를 팔다리 삼아
기다란 송곳니를 지렛대 삼아
배밀이 구걸을 하듯

살 곳을 잃은 수십만 마리 무리가 해안가로 몰려든다
해안마저 발 디딜 틈이 없어지면 살기 위해 절벽을 오른다
한 몸 쉴 곳을 찾아 기어오른다

그러나 더 기어오를 수 없는 벼랑 끝은
찰나의 유빙, 착시의 바다, 그때
허공에 허구의 날개를 펼친다

옥상에서, 난간에서, 팔다리를 펼치듯

절박이 절벽을 부르고
착각이 착란을 부른다

바위에 부딪쳐 내장이 터질 줄도 모르고
퍽퍽 떨어지는 소리에 맞춰 줄지어 절벽을 오른다

빙하로 가는 길인 줄 알고

정영례

계간문예작가회 이사, 상상탐구작가상 수상 외, 시집 『붉은 잉어가 숨쉬는 강』 외.

좌선

여덟 봉우리마다
한곳에 천년을 앉았으니
가랑잎 밟는 소리
인기척 소리
귓가에 훤하다

가지런히 손 모으고
하늘 향해 비는 마음
산은 바위를
바위는 산을 놓을 수 없다

어디 꺾어봐라
내 굽히나

천년을 함께한 바위
나는 그 위에 앉을 수 없어
풀섶에 꿇어앉는다.

정용원

아동문학·평론가, 국제펜부이사장, 한국문학백년상 외, 저서 『어머니 우리 어머니』 외.

접시꽃 비행접시(동시)

접시꽃이 비행접시라면
부모님 모시고 우주여행 하고 싶다.

접시꽃이 비행접시라면
친구들과 별나라에 수학여행 가고 싶다.

접시꽃이 비행접시라면
남북한 아이들과 은하수에 가서
통일노래 부르며 춤추고 싶다.

정진수
문예사조문인협회 부회장, 한국문협우리말가꾸기위원회 위원, 국제펜한국본부 이사.

간이역

행구동 저수지 오솔길 따라 걸어가면
인적 없는 숲속의 광장 빈 대합실 의자엔
청솔모 한 마리 역무원인 양 졸고 있습니다

열차 시간표에 멎어버린
기적 소리 그리운 듯
물끄러미 바라보며 고갤 끄덕입니다

눈 맑은 아이와
젊은 아버지가
출발하긴 너무 이른
멈추기엔 아직 이른

황금빛 눈부신
청운의 역을 지나
붉은 신호등 졸고 있는
정지된 간이역,

아! 어느새 이곳까지 왔을까
여기는 우리의 반곡역입니다

정태완

숭실대학교 행정학 박사, 한국문인협회 회원, 시집 『알을 품은 새』 외.

동네 뒷산에 오르면

도시에도 생명의 산이 있다
새벽녘이면 30여 분 산책코스다
맑은 공기 흠뻑, 향기롭다
갓 태어난 산새들 반갑게 인사한다
잠시 그늘막에서 대화한다
자연과의 돈독한 이야기는
이젠 동화가 아니다
찌든 세파를 이겨내는 원동력이다
폐부를 청소하니 작동이 좋다
걸음을 재촉하여 둘레길 돌아
야트막한 정상에 오른다
도시는 아랫마을이 된다
정겨운 인사들 귓전을 울린다
하루를 알리는 청신호들
이제야 정신 차리고 제대로
세상을 만나리라 약속한다
환한 미소가 절로 솟구친다
작은 우주가 되어 친구가 된다
도시에도 생명의 산이 있다.

정용규

한국문협·현대시협 회원, 제13회샘문학상 특별작품상, 시집 『가을나그네』

동방의 밝은 빛이여

칠흑 같은 어두움 밀어내고
동녘 하늘에 여명이 밝아온다

혼몽에 취한 내 친구들아
어서 일어나 산을 오르자

붉게 치솟는 찬란한 해님 맞아
소리 높여 외쳐보자

화해해요, 화해해요 화해들 하라구요
함께해요, 함께해요 함께들 하자구요

화해하고 함께하면
하늘은 무너지지 않아요

인도의 시성 타고르는 시 쓰기를
"일찍이 아시아의 황금기에
빛나는 등불이었던 코리아
그 등불 다시 한번 켜지는 날에
너희는 동방의 밝은 빛이 되리라" 했으니

자! 이제 우리 모두 한마음으로
활활 타오르는 햇불로 세계를 밝혀봐요

정정남

현대시인협회 회원, 한국신문예문학회 이사, 시집 『백미러 속의 무지개』

개구리

뛰어들지 마
요 개구리들아
내 앞에서 기를 쓰고 뛰어 봤자
차 바퀴를 업을 뿐이야
네 몸에 적당한 숫놈을 업어야지
무거운 바퀴를 업어서
뒷다리를 쭉 뻗은 채 엎어진 놈 자빠진 놈
살아온 흔적도 없이 박살난 놈들이
즐비하게 널렸어
아슬아슬 비껴가기도 힘들어
빗길에 차가 휘청거려
너희가 바퀴 밑에 깔릴 때면
온몸의 마디마디가 시큰거려
짝을 찾으려면 논배미로 가야지
봄비 스며드는 흙에서 살아야지
흙의 세상은 부드럽잖아
삶의 새싹이 끊임없이 솟아오르잖아
풀 한 포기 꽃 한 송이 살 수 없는 길바닥에
어쩌자고 자꾸 기어 나와

약삭빠르지도
남을 깔아뭉개지도 못하는
나처럼!

정창희
농민신문 신춘문예 등단, 한국문인협회 회원, 저서 『메밀꽃』

아버지와 아들

찬바람이 부는 고샅길에
구두굽 소리가 애잔하게 들린다
시장모퉁이 튀김집에서
통닭 한 마리를 종이봉투에 담아 들고
골목길을 나온다
창문에서 밖을 내다보며 아빠다! 아빠다~
하며 손을 흔든다
앉기 바쁘게 봉지를 펼쳐놓고
닭다리와 가슴팍 살을 찢어
아들에게 밀어준다
아버지는 날개 쪽지를 집었다 놓으며
단무지만 집어 먹는다
뼈에 붙은 살을 뜯으면서
먹다 남은 뼈다귀를
아버지가 먹어 치운다
자근자근 우두둑 씹으신다
아버지! 틀니 빠져요?
움푹 들어간 눈이 그렁그렁 하신다

아버지는 이렇게 살았어
응, 아버지 냄새가 그렇게 좋으냐
아들아~ 아들아~
어디 한번 안아보자 다 컸네.

정해란

한국신문예문학회 회원, 제22회 황진이문학상최우수상 외, 시집 『시간을 여는 바람』 외.

봄 배달 완료

꽃들의 개화 소식은
예정보다 빨리 배달되어
방송의 개화 소식은 이미 뒷북이다

기상캐스터의 날씨 보도는 정확하고 화려해가지만
땅속과 꽃 문 안쪽 소식은 늘 한발 뒤졌다
레토릭*을 거치지 않은 소식일수록
한층 싱싱한 걸 몰랐던 걸까

늦은 보도를 기다릴 수 없어
꽃들은 저마다 꽃으로 피어 항거했다
매화, 산수유, 벚꽃, 진달래
지칭되지 않은 귀 밝은 들꽃까지
겨우내 서 키운 힘 모아 온몸으로 꿈틀거린다

칩거된 겨울 땅의 자물쇠 열고 올라선 힘
키 낮아 들키지 못해 품었던 서러움
떼 지어 봄의 노래 준비하고 있었다니
주파수 여려 잡히진 않았지만
들꽃들의 아우성이 봄을 먼저 열었다

온 산과 들판을 번져나가다가
날 것으로 뛰어들어 가슴마다 핀 꽃들
무사히 착지했으면 이미 봄이다

* 레토릭rhetoric=수사학 : 화려한 문체나 다소 과장되게 꾸민 미사여구

조규수

한국문협 낭송문화위원, 글핀샘문학회 회장, 북한강문학상 수상, 시집 『별이 솟았다』

농부

농부는
생명을

한
알
씩

한
줌
씩

땅에다 묻었다

며칠 후
땅에서

별이 솟았다

조기호

전주문인협회 회장 역임, 한국문학백년상 수상, 시집 『고조선의 달』

달항아리

저 매끄럽게 내리는 흘림은 신시에서
이어온 흐름이고
내 할머니 어머니 아내의 황홀하게
아름답고 부드러운 곡선이다
저 차가운 달의 얼굴이 실성한 듯 그려 내린
마음을 어찌 알을 까만
쓰다듬어도 쓰다듬어도 가슴 시린 네 얼굴 모습
부끄러운 듯 팽팽하게 천 년 거문고 소리가
저 떨림의 선율이던가
한韓 가락 비벼 넣은 활옷 자락 춤사위 하늘 차오르고
어머닌 윗목에 감추어둔 달을 꺼내 앉으셨지
아내의 소피 소리로 새벽이 가득 찰 때
나는 달항아리 속 고인 이야기를 신화처럼 듣습니다.

조남명
한국문인협회 회원, 대전펜문학 부회장, 시집 『제 이름으로 핀 꽃』 외.

담쟁이

평지 제쳐두고
물 한 방울 없는 절벽 기어오른다

비바람 모질게 맞아가며
담벼락 물어뜯는 뿌리

뒤도 볼 새 없이
목 타는 줄기 햇볕에 볶으며
새파란 잎 무수히 매달고 솟구치는 담쟁이

더는 오를 수 없는 벽의 끝
올려다보니 빈 구름, 바람뿐
몸을 가눌 수 없다

오르기만 했던 담쟁이, 그제야 깨닫는다
무턱대고 오르던 순간
내려갈 줄도 알았어야 했다는 것을.

조덕혜

1996년 월간《문학공간》신인상 조병화 시인 추천, 경기도문학상 본상, 국제펜경기지역위원회 부회장, 시집 『별에게 물었다』 외.

고독 사회학

함박꽃이 그럴까
장미꽃이 그럴까
찬란하게 번득이는 형상
그 속엔
좀처럼 알아차릴 수 없는
괴물처럼 철저히 숨어 있는
가짜뉴스에 몸서리치는 삶

가끔은 부서진
부조리 위에서 새우잠 자고
꿈틀대는 항변에 달랑달랑 흔들리다가
무궁화 꽃이 피었습니다
까톡 까톡 웃음 저 밑바닥에서
언어폭력에 포장되어 사는 넌
몹쓸 철창에 갇힌 고독이다.

조병무

시인·문학평론가, 동덕여대문창과 교수, 녹색문학상 수상 외, 문학평론집 『가설의 옹호』 외.

창문

곱게 닫혀 있는 창문
침묵의 얼룩이 아련하게 스며있고
그 너머에서 손짓하는 그림자들
잠든 공간을 비스듬히 밀치자

동구 밖 골목길 모퉁이에
얼룩진 세상이
나의 얼굴을 만지며
창문 밖으로 밀치어낸다

창문 밖 세상사 움직임이
예사롭지 않다는 가판대의 소식통
오히려 불안이 행복으로 느껴져
웃음꽃이 핀 듯
날씨는 맑았다흐렸다 흐느낀다

새로운 세상과의 만남
한없이 쏟아져 내리는
많은 움직임의 힘들 앞에
열려진 창문은
조용히 눈을 감는다

조승부

연세대학교 행정석사, 국무총리상 수상, 저서 『일과 결혼에 성공하는 법』, 영진주택 대표.

사랑의 길이 열리면

새천년의 종소리 울리는
순환의 새날이 돌아온다

단절된 길모퉁이에
방황하던 사유들이 지나가고

나는 지난밤 잠들 수 없었다
그리움을 온전히 느끼고 싶어서

얼어붙은 대지의 언저리는
지루한 껍딱지의 기다림 같은 거

그러나 멀리 새길을 여는 광야는
사랑을 알리는 봄의 해석인가

조선의

농민신문 신춘문예 당선, 담양문화원 등 시창작 강사, 저서 『생명의 시』 외.

검은머리번개깡충거미

단순히 먹잇감만 놓친 것이 아니었다
군데군데 찢어진 구조물
개보수를 위한 햇살의 비계가 휘청거렸다

허탈감에 빠진 검은머리번개깡충거미는
온전히 발각되고 싶은, 자신의 성소와도 같은 집에
뚝 부러진 시간을 이어 붙이고 있다

무릎이 꺾인 제 그림자의 본을 뜨고
불안한 방향에서 무너지는 거처를 수리하려면
용접 불꽃 튀는 듯한 번개가 필요했을 것이다

당당하게 칠흑의 세상으로 끌려가는 것처럼
미치지 않고서는 살 수 없는 목숨들

상대방의 마음속에 숨어드는 먹이사슬이야말로
소수가 다수의 천적이 되는
포획에 대한 얼개 방식이 아니던가

검은머리번개깡충거미는 토끼처럼 깡충깡충 뛸 수 없어서
높은 망루에서도, 안전한 착지가 지속되도록 핏발을 세웠다

재기할 확률을 높이기 위해
재빠른 발걸음보다 헛기침을 앞세우는 아버지처럼

어떤 오류와 연결된 듯한 허름한 거미집은, 갈라 터지면서도
살아보려고, 기어이 살아냈던
기진맥진한 삶조차 탕진해버린 공중의 처소

느슨해진 힘줄을 팽팽하게 조이며
포식자의 천국이 될 집의 설계 도면을 악착같이 떠올린다

든든한 실세 앞에서만 피 터지게
자본이 이윤의 층수를 쌓아 올리는데

비좁은 공간에서 이탈하지 않는, 내 삶의 누추가
위태로움을 무릅쓰고 무모한 안정을 꽉 붙잡는다

조순배
구로문인협회 회원, 서울시문학상·에스프리문학상, 저서 『만두 세 개』외.

그리움이 떠나갑니다

어머니!
당신이 떠난 이 땅에 또 봄이 왔어요

생전에 그리 좋아하시던 진달래가
이곳저곳 산언덕에 피어나고
바람 따라 오르던 연분홍 물결이
산 위에서 꽃불로 타오르고 있어요

진달래 피는 사월이 오면
바구니 들고 산에 오르던 당신은
산기슭에 홀로 피어있는
한 송이 진달래였습니다

화전 부치고 진달래꽃 말려
두견주 담아 땅속에 묻으며
미소 짓던 모습이 어제 일인 듯
생생하게 떠오릅니다

생전에 분홍빛 옷을 유독 좋아하셨던 당신
이제는 그날의 두견주도
진달래 화전도 내 가슴에 전설로 남아있습니다

연분홍 한복 곱게 입고 걸어가시던
당신의 뒷모습이 내 눈앞에서 어른거립니다
다시는 부를 수 없는 이름
진달래꽃 내 어머니시여!

조온현

아코르창작기금수혜, 다시 동인, 시집 『여름은 가고 꽃은 떨어지니』 외.

서민瑞民 아파트

내가 살던 집 양철지붕은
소나기 오면 콩 볶는 소리가 났다

새벽에 배달되는 층간소음
아침을 깨운
출근 소음으로 붐비던 삶들이
빠져나간 텅 빈 오후
내 고향
양철지붕엔 빽빽하게 널은 붉은 고추가
말라가면서 가을도 검붉게 말라갔다

서민 아파트 복도식 문에 저녁이 오면
고기 굽고 된장 끓인 냄새
층층이 층간 냄새가 올라온다

젊은 부부 깨 볶는 소리는 벽간 소음이고

층간 벽간 공간의 비밀이 비밀이 아닌
누구네 뭘 먹었는지 무엇을 하는지
반짝거린 소식이 소나기 같이 지나간다

조정화

한국문인협회원, 양산문인협회 회원, 공저 『바람결에 묻는 너의 안부』

부정父情

구멍 숭숭 뚫린 못난이 배추밭
포기마다 달팽이란 놈 들어앉았다
배를 밀고 지나간 대궁마다
시린 바람이 드나든다
축축하고 미끈거리는 피부 속
포식한 푸른 내장이
터질 듯 위태롭게 꿈틀댄다

배추 속을 헤집는 곱은 손길
온몸으로 버텨보지만
이내 고랑 저편으로 툭 던져진다
내일 아침이면 다시 기어 들어와
또 자릴 잡을 테지
체념하고 돌아서서 한숨 쉬어보지만
그래도 차마 어찌지 못하고
돌아앉은 아버지

조영미
한국문인협회 회원, 남양주여성문학회 회장, 시집 『눈 내리는 날이면』 외.

소록도의 비창

목숨은 똑같다
죽음도 다 똑같다
그 길로 가는 것이 다를 뿐

세상이 훤해질수록
고통도 빛나길 바란다
외롭지 않는 몸부림이다

뼈 마디 마디 숨은 미로 속 한센병
검은 꽃으로 피어나도
두 눈에 고이는 고독

뚝 뚝 떨구어
비우고 비워내도
다시 차오르는 오욕덩이

점점 마비되어가는
삶 끝자락
콕콕 찌르고
작은 사슴들이 모여
불러보는 비창

온기마저 얼어붙는
님의 절창이여

조진현

한국문학협회 부이사장 역임, 제21회 김소월문학상 수상 외, 저서 『눈빛 그 순간의 설레임』

지리산 계곡

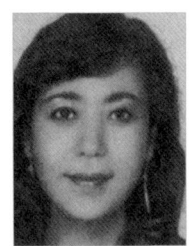

지리산 흔적 켜켜이 살피며 시동을 건다
삶은 서슴없이 자르는 가지치기
순간 아슬아슬한 곡예사가 되어
미끄러지고 추락하며 원점으로 되돌아간다

헉헉거리는 도시인들
한반도가 열풍에 시달린다
허공에 검은 언어만 춤을 추는
치열한 싸움도 또한 지나가야 하리라

파란 하늘에 어젠 슬픔이 어리니
천왕봉 향나무 한이 서린 역사 앞에
진저리치며 떨고 있다

탁한 세상 눈도 감고 귀도 막고 살다
몸과 마음 씻어주는 지리산 계곡
청명한 큰 물소리만 귀에 가득 담으러 간다

주해성
시인·이학박사, 컬처레인보우 대표, 2003년 보건복지부 장관 표창, 국세교육 및 대학 강사.

팥죽

팥죽을 먹다가
울컥했습니다

어릴 적 엄마 따라
동네 시장에 갔다가 먹었던
팥죽 생각이 나서

모락모락 피어오르는 김처럼
뜨거운 팥죽 속에서
어머니의 목소리가
피어오릅니다

"어서 먹어라
식기 전에"

조일규

2004년 《문예사조》 등단, 강서문학상 수상 외, 시집 『별 하나에 심은 사랑』 외.

피 묻은 치마

밤새 퍼붓던
비바람 천둥소리
동해 건너 물러가니
활짝, 태극기 흔드는
조국의 하늘
풍선 같은 마음 싸들고
진달래꽃 만발했던
그 산에 오르자
이게 무슨 짓인가
저들, 군화발에 짓밟힌 흔적이리
강제로 벗겨 던진
피 묻은 치마다

한뼘 안 되는 소녀들의 허리를
얼마나 잡아 흔들었으면
산기슭마다 나뒹구는
피 묻은 치마들
감추고 덮고 싶었을
치욕의 흔적이리
보는 사람마다
너나 없이 혀를 내두른다

산새 소리는 그날의 아픔이리
들어야 할 저들은 귀를 막는데
하늘을 찔러대고
물소리는 온 산을 헤집는다
다시는 기억조차도 하기 싫은
그날.

조화훈
국민은행 32년 근무, 1999년 동서문학상 수상, 저서 『그대를 위하여』

코로나가 남긴 선물

푸이와 고종은 제국과 황제라는
사탕발림에 속아 만주와 조선을 잃었다.

춥고 배고픈 시절
사탕발림은 만병통치약이었다.

을사늑약은 식민지배를 불러오고
북의 평화공세는 남침을 위한 사탕발림이었으며
사탕수수 농장의 노예 수출과 여자정신대는
제국이 덧칠한 취업이라는 속임수였고

장기집권자는 북진통일을 앞세우고
군사정권은 국토통일을 내세우고
5공화국은 민주 정의를
6·29 시절에는 보통사람을
민주화 투사는 세계화로 포장하고

동교동 투사는 햇볕정책으로
7·4·7 공약자는 4대강 운하로
얼음공주는 통일 대박으로
촛불혁명은 종전선언으로
착한 백성을 오도했다.

줄사탕을 목에 건
새나라의 어린이는
세상 부러울 것이 없다.

지영자

시인·피아니스트, 중등학교 음악교사 역임, 문학상 수상, 시집 『사랑하며 살리라』 외.

꽃 피고 지는데

이 꽃이 그냥 피었겠는지요

더워 더워하면서
추워 추워하면서
올해도 죽지 않고 뿌리를 내렸겠지요

이 후미진 곳의
꽃이 피고 지는 순간의 유채색 조화를
그 누가 눈 여겨 보지 않는 것 같지만

벌 나비 부랴부랴 찾아와
소란한 사랑의 숨바꼭질 다음에
비로소 흔들리는 꽃의 절정을 보나니

바라보면
행복해지는 것이 꽃이 아니겠는지요

당신을 보면 나는 행복합니다

지은경

국제펜·여성문학인회이사, 한국문협25·26대 이사, 현대시협24·25대부이사장, 시집·평론집·칼럼집·수필집 등 45권.

지금 이 시간
– 카르페 디엠

면벽 수행 7년만에 허공을 딛고 일어선다
세상 문 열고 만난 첫사랑
새벽 날비린내 일인분의 고독이다
삶의 무게는 무거운가 가벼운가
우주를 이해하는 것보다 더 어려워라
모래시계는 멈추지 않고
앵무새는 똑같은 말만 반복하고
선택은 매번 초보자의 연습 같은 거
한 달을 놀다가는 생은 짧고도 짧아라
맴 맴 맴 맴 매애애애~
야금야금 나를 먹고 있는 시간아
목청껏 부르는 노래의 의미를 해석해 봐
사막의 제왕 뜨거운 태양아
목숨 걸고 섹스하는 우리 종족에게
불륜인가 아름다운가 묻지 마라
무거우면서 가벼운 생의 속살
뜨거운 생명을 심고 싶은 거다

차용국

한국신문예문학회 지도위원, 남명문학상 수상 외, 산문집 『그 소리를 듣고 싶다』
시집 『호감-다 사랑이다』 외.

엄마의 가을 사진

단풍도 제철이면 붉은 꽃 피우는데
나목의 마른 가슴은 단풍도 꽃도 없다

천지가
다 단풍이요
꽃이라 하시더니

나목의 속주머니에 숨어있는 홍엽 하나
아리고 쓰라리던 상처도 사랑인가

오 남매
손등 적시는
입동비가 내린다

차학순

시인·수필가, 한민대학 명예 교수, 신문예문학회 지도위원, 인사동시인협회 회장.

광인의 혈穴

외쳐도, 외쳐도
메아리조차 들리지 않는
광야의 아주 외진 곳
약대 털옷을 걸친 광인만 홀로
알아듣지 못할 말들을 지껄이며
하늘 향해 긴 호흡으로 읊조린다

다만
날리는 것은 뽀얀 흙먼지
그리고 낯선 얼굴을 한 검은 독수리
이스라엘 평원 위로는 긴 석양의 꼬리 이어지고
시간은 지평선에 내달아
내일 향해 빠르게 달려갈 뿐이다

누가
말할 수 있을까?
삶의 끝자락에 일어날 일들을!
죽음을 넘어서는 역사의 위대한 승리를!
오직 광인의 눈동자에만 비쳐지는 삶의 환희를!
그리고 이어지는 영원한 삶의 이야기들을!

천수호
2003년 조선일보 신춘문예 당선, 명지대 객원교수, 매계문학상 수상, 시집『아주 붉은 현기증』외.

옥편에서
'미꾸라지 추鰍'자 찾기

도랑을 한 번 쭉 훑어보면 알 수 있다
어떤 놈이 살고 있는지
흙탕물로 곤두박질치는 鰍
그 꼬리를 기억하며 網을 갖다댄다
다리를 휘이휘이 감아오는
물풀 같은 글자들
송사리 추鰦, 잉어 추鯉, 쏘가리 추鱖
발끝으로 조근조근 밟아 내리면
잘못 걸려드는
올챙이 거머리 작은 돌멩이들
어차피 속뜻 모르는 놈 찾는 일이다
온 도랑 술렁인 뒤 건져 올린
비린내 묻은 秋는 가랑잎처럼 떨구고
비슷한 꼬리의 鰦, 鯉, 鱖만
자꾸 잡아 올린다

최계식

한국현대시인협회 지도위원, 문학상 수상, 시집 『꽃들의 여행』 외.

초막에서

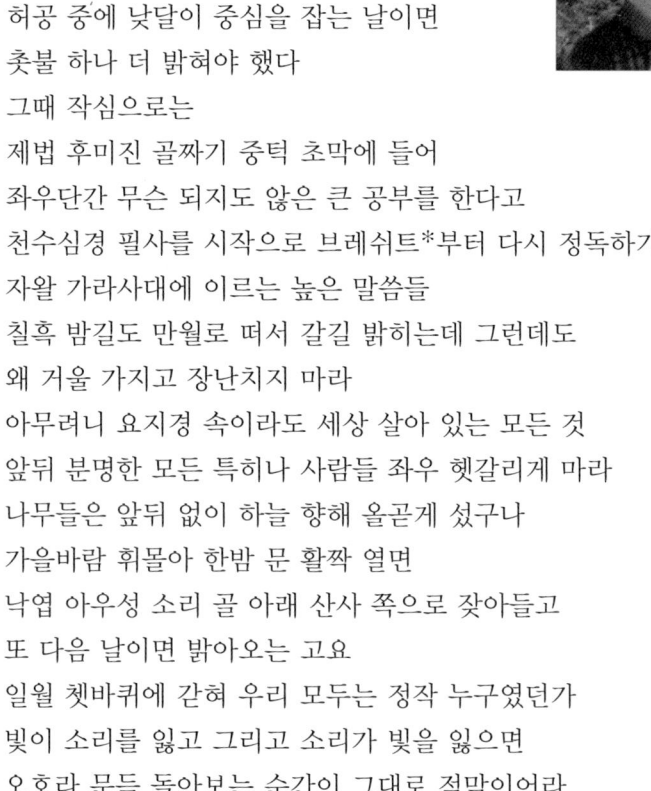

허공 중에 낮달이 중심을 잡는 날이면
촛불 하나 더 밝혀야 했다
그때 작심으로는
제법 후미진 골짜기 중턱 초막에 들어
좌우단간 무슨 되지도 않은 큰 공부를 한다고
천수심경 필사를 시작으로 브레쉬트*부터 다시 정독하기
자왈 가라사대에 이르는 높은 말씀들
칠흑 밤길도 만월로 떠서 갈길 밝히는데 그런데도
왜 거울 가지고 장난치지 마라
아무려니 요지경 속이라도 세상 살아 있는 모든 것
앞뒤 분명한 모든 특히나 사람들 좌우 헷갈리게 마라
나무들은 앞뒤 없이 하늘 향해 올곧게 섰구나
가을바람 휘몰아 한밤 문 활짝 열면
낙엽 아우성 소리 골 아래 산사 쪽으로 잦아들고
또 다음 날이면 밝아오는 고요
일월 쳇바퀴에 갇혀 우리 모두는 정작 누구였던가
빛이 소리를 잃고 그리고 소리가 빛을 잃으면
오호라 문득 돌아보는 순간이 그대로 적막이어라

* 브레쉬트 : 히브리어로 구약 "창세기"

최귀례
부산크리스천문인협회 회장, 예향 다원 원장, 시집 『타인들의 마을』 외.

엽서를 읽으며

가을날
우편함에 든 엽서를 꺼내어 읽는다
헐벗은 벌판이 날아오고
나는 문득 그리움을 쓸어내린다
낙엽 소리 들으며
가을을 배웅하러 간다
푸른 가슴으로 씻어낸
청아한 목소리
쇠잔해진 땅을 어루만진다

히아신스 피어나는 감출 것
하나 없는
억새들은 흔들린다
봄을 잉태하기 위한 몸부림은
그윽한 뿌리에서 눈뜬다
나는 빈손에서 허덕이는
수척한 혈맥
핏빛 산천을 끌어올린다

최길순
한국현대시인협회 회원, 문예사조문학상 수상, 시집 『슬픈 노래의 계단』

리빙 캡슐

도시 한 구석
현대인들이 보증금 없이 선급만
지급하면 누울 수 있는 곳

노숙은 면했지만
쪽방으로 돌아오는 발길은 천릿길
밤이면 적막에서 새어 나오는 탄식 소리

그 숨 막히는 공간에 깃든 자들의
내일이 걱정이다
곧 겨울이 올 텐데
들이닥칠 절망의 무게 얼마나 무거울까

밀폐된 공간에서
젊음이 늙어간다

그런데
그곳에서 웃는 자는 누구이며
우는 자는 누구인가

최동열
대전문학 회원, 신문예신인상, 시집 『바람이 속삭이는 말』 외.

풍선의 연애철학

아주 오래된 영사기를 발견하여
그대의 인생을 화면으로 조명합니다

나는 풍선에 바람을 불고 있습니다
부피와 그대를 비례합니다
밀도는 부피의 정직함을 깨닫게 하고, 모든 이와 삶을 공유하는 것은 구차한 변명을 벗는 것입니다

그대는 내 생애의 희망, 한 공간에 같은 모습으로 보이기를 기대하고 당신을 위한 나의 입김이 하늘에 흘러가는 것만으로 감동입니다

풍선은 나와 그대를 연결하는 중계의 표상,
그대를 통해 알게 된 허전함도 삶의 철학에 동화됩니다

그대가 더 이상 빗나가지 않는 운명이기를 바라며, 풍선에 마음을 넣고 있습니다

최상고

시인 · 수필가, 미국 솔로몬대학교 석좌교수, 1회 초허문학상 외,
논문 수십편 · 시집 · 번역집 등 50여권.

내 조국 내 강산에

저기를 봐라
새 시대의 함성을 듣는다
거짓 없이 뜨는 저 태양도
내 조국 산천에
새로이 떠오르고 있다
우리들 지난 어둡고 차가웠던
긴 겨울에로의 모습들
이제 움츠렸던 가슴을 펴자
보아라
저기 방방곡곡에서
전진의 힘차고
우렁찬 함성이 들려오지 않는가
겨울의 어두움도 걷히었다
이제 함께 가자
가서 뭉치고 단결된 민족과
조국애로써 백두산 끝까지
무궁화꽃 심자구나
우람함 너 홀연히 빛나고 빛나라
내 조국 내 강산江山에서
세계 끝까지에로!

최봉순
호 정심당, 시인·성교육강사, 여수예술랜드 디지털 유화 체험관장.

한해를 돌아보며

12월의 끝자락에서
지나온 시간을 꺼내 보았습니다

꺼낼수록 그대 사랑이
마구 뛰어나와
행복한 한해였다고 말해 줍니다

내년에는
더 많은 꽃을 피우겠습니다

그대와 함께
꽃밭을 만들겠습니다.

최영희

시인·성악가, 제20회황진이문학상 수필 수상, 아태문협 수필분과위원장, 현)대구가곡사랑회원.

그 남자의 사랑법

남자는
사랑한다는 말로
늘 시종 들어 주길 바랬다
아내가 집을 비우면
외롭고 그리워 힘들단다

탈출하자
인형의 집에서

여자가
다시 돌아와
현관문을 여는 순간
텅 빈 공간에서 활짝 웃고 있는
자유를 발견했다

소파에서 뒹굴던 여자는
가스렌지에
남자가 좋아하는 찌개를 올리며
족쇄의 쇠사슬을
사랑이라고 믿는다

최병원
한국공무원문학회 부회장, 한국공무원문학상 수상, 시집 『내 마음의 알바트로스』 외.

지구를 되살리자

기후변화연구동의 기후위기 시계침!
보는 순간, 금방 숨이 멎을 것만 같아
어쩌다 이 지경까지 왔는지…
갈수록 극심한 생태계 파괴와 환경오염
그칠 줄 모르는 지구촌의 재난들
되돌아오는 건 인류의 대재앙뿐

창조주께서 천지를 지으실 때
모든 만물들은 다 소중하고 귀하게 지으셨거늘
이제 남은 시간은 1시간 남짓, 마지막 선택의 기로

적자생존과 약육강식의 무한 경쟁 속에
인간들의 탐욕으로 몸살을 앓는 지구촌
상생相生과 순리順理 대로 잘도 살아가는 저 무언의 식물들

이제라도 쾌적한 환경보존 위해
인류와 동식물이 더불어 살아 숨 쉬는 생명의 땅으로…
꺼져가는 지구촌을 되살리자

* 기후위기시계 : 인류의 멸종까지 남은 시간을 기후위기 시계로 환산한 것으로 기후위기 시간이 12시가 되면 인류와 지구상 동식물 대부분이 멸종된다. 호주:10시16분, 미국:10시39분, 일본:10시50분, 독일:10시53분, 브라질:10시55분, 중국:11시02분, 한국:10시47분이며, 지구의 위기 시간은 10시37분으로 우리에게 남은 시간은 한 시간 남짓에 불과합니다. 그러나 환경보호를 위한 노력 여하에 따라 기후위기 시계를 다시 되감을 수 있으며 지구를 지키는 데 우리의 노력이 지금부터 시작되어야 한다.

최임규
경동대명예교수, 한국신문예문학회 이사, 황조근정훈장.

강문 해돋이

푸른 심연, 붉은 영혼이 잠들고 있다

수평선 따라 비단 물결 적시며
서서히 걸음 떼는 순간
토해내는 해오름, 장엄한 우주의 폭발이다
황금빛 머리카락 휘날리는 헬리오스
태양의 신은 동굴 속 불 수레로
천마 이끄는 눈부신 하늘 여행을 시작하다
소망 한 다발씩
가슴에 품은 새해 기도
해돋이 맞으려 검푸른 바다를 응시하고
칼바람 부는 해변
솟대 위 세 마리 오리
삼재三災 막아주는 빈사瀕死의 수호신도 고개 숙이다
죽도봉 대나무 숲엔
시퍼런 소나무들은 슬픈 전설 낚아 올리고
솟대다리 사이 겨울바람이 강문 어귀에 펄럭이면
새벽을 터는 신선한 꽃밭
불덩이 토한 새해 첫 일출, 기도의 파편들로 눈부시다.

최진엽

시인·수필가, 2004년 《문예한국》수필 ·2014년 《포엠포엠》시 등단, 현)단대초 근무.

11월

불빛이 고요한 동네로 가요
교차로 앞의 신호등은
바뀌지 않을 거예요
젖은 목소리로 노래하는 것은 안 돼요
반 박자 빠르고
한 박자 느리게 쫓아가는 것은 괜찮다고 했어요
골목길 모퉁이에
비둘기는 깨우지 마세요
가장 오래된 노래가 들려요
한 발씩만 늦게 따라오는 발소리가
아무 말도 하지 않아요
어둠과 서둘러 달아나는 남자 사이에
경계가 지워지면
그림자도 불을 꺼요
돌아가는 뒷모습이
낯설지 않게 되었어요
잠든 모든 것들이 안쓰러워
흑백사진에 흰 눈 쌓이기 전
오래도록 바라보는 법을 배워야 해요

최종월

김포문인협회 고문, 김포문학상 대상 외, 시집 『나무는 발바닥을 보여주지 않는다』 외.

이름에 대한 명상

비문처럼 내 이름도 풍화작용 중입니다

가운데 돌림자가 쇠북이라
기생 이름 반열에 들어가지 못했어요
명월 춘월 애월 산월 추월
쇠북 종소리가 아름답지 않을 테니까요
조상이 불러준 내 이름이 묵은 악기같이 정이 들었어요

그대가 등 뒤에서 나직하게 나를 부르면
공기의 진동으로 나는 떨리고 있어요
가슴에 품은 따뜻한 달이 이름 끝에 매달리면 좋겠어요
꽁무니에 불빛 반짝이며 캄캄한 숲속으로 사라지는
반딧불 생애도 괜찮아요

푸른 발 얼가니 새는 조상 이름을 물려받았지요
소금물에 절인 물갈퀴로 새끼를 덮어주고 잠재워요
부리에 찍힌 물고기 용트림에 바다 정수리는 멍들 테지만
그건 찰나예요
파도는 기억을 끝없이 삭제하고
같은 이름으로 살아갈 새끼 있는 곳으로 새는 날아가요

묵은 악기 소리에 귀 기울여주는 그대에게
나는 마지막 연주를 보낼 거예요 그리고

홀연히 바스러지며 풍화작용은 끝이 납니다

최태석
한국문협 회원, 한국크리스천문학작가협회 이사, 충효예문학상 수상, 시집『하나를 위하여』외.

청지기

당신의 머슴이고 싶소이다
고된 일 벅찬 일 마다 않고
이 한 몸 가루 되어 헤쳐내리다

당신의 포로이고 싶소이다
험한 길 궂은 길 가림 없이
이 한목숨 갈하도록 걸어가리다

당신의 노예이고 싶소이다
고된 맘 겨운 맘 어림 없이
이 한 영혼 사르어 삭혀내리다

당신의 종이고 싶소이다
당신의 푸른 슬픔 내 눈물로 썰물 지우고
당신의 붉은 상처 내 살 찢어 감싸드리오리다

님이시여
내 옷소매 움켜쥐소서
정녕코 당신의 청지기가 되어드리오리다

한상담

한국문협 회원, 수원문인협회수석부회장 역임, 제4회아태문학상, 시집 『바람의 통로』 외.

가로등 · 1

보느냐
외눈박이 저 푸른 충혈을

깊어가는 밤
어둠 켜켜이 쌓이는 길목에 서서

누구의 기억 아니면 어떠냐
누구의 사랑 아니면 어떠냐

저 환한 이타의 살신을

최혜영

전)해양경찰명예퇴직(2019년 30년근속), 현)Wine Restau. 지향시와담 운영,
소믈리에 Sommeliere 와인 강사.

루드베키아

불볕 한낮
뜨거운 햇빛이
슬쩍 눈감아주는 능선
울울창창 초록 풍경이
어깨를 툭툭 치며
평화로운 공존
그 고즈넉한 이름으로
넉넉한 산소의 싱그러움을
자근자근 뿜어내고
파란 하늘가
흩어진 구름의 하얀 몸부림은
너의 사랑… 루드베키아
달빛 내리는
별빛언덕에서
들숨날숨 애잔한 기억의 시간들
사운즈오브와인의 클래식처럼
너는 내게 순명의 가슴으로
손잡아 주었고
내 생에 마지막 청빈한 사랑
꽃잎이 피는 소리로 다가왔었지
하나의 인연 가슴에 담고

가여운 연정 고운 순정으로
너의 향기 품은 루드베키아
흔들릴수록 푸른
자작나무 그늘 사이의 노을빛으로
루비콘강을 건너듯
신비로이 너에게 가리
업고 가는 나이가
때로는 버겁고 외로울지라도
밤하늘 시린 그리움 띄워
별빛 내 사랑
루드베키아의 노래로
오월의 햇살 같은
그대의 시심詩心 수놓아
연약한 여정으로
꿈결인 듯 사뭇 걸어가리
내 안의 나를

한상림

시인·칼럼니스트, 한국문협 회원, 청향문학상 대상, 시집 『따뜻한 쉼표』 외.

기후되먹임

마른하늘이 헛구역질을 합니다
탄산가스가 검은 불꽃을 토하며 날아다닙니다
플라스틱가루가 공중부양하며 빗방울에 섞여 흩어집니다
빗물 머금은 나무와 꽃들이 조화처럼 웃고 있습니다
볼록한 물고기 배에서 플라스틱 알들이 쏟아집니다
알에서 막 깨어난 물고기들이
밥상 위에 누워 형형색색 조화를 이루며
잘 버무려진 빛과 소리로 식욕을 돋굽니다
아버지와 아들이 식탁에 마주 앉아
스마트폰 화면 속 천지창조를 들여다보며
플라스틱 젓가락으로 조기 살을
맛없게 떼어먹습니다
아버지도 아들도 플라스틱처럼 딱딱해집니다
부드럽고 조화로운 세상을 꿈꾸지만
하늘과 땅 모두가 지금은 소화불량입니다
소화제를 찾던 누군가 하늘에 대고 삿대질을 해댑니다
도대체 누가, 왜, 왜, 왜, 그랬냐구요
나는 절대 아니라구요

허만길

시인·소설가·수필가·교육자·복합문학 창시자, 문예춘추 청백문학상, 시집 『아침 강가에서』 외.

젊은 날의 아픔

파란 들판을 허덕허덕 몸부림하다가
한 자락 하늘을 보아도
영혼 없는 영원과 피 끓는 현실이
하나로 비어 있을 뿐이었다

내 꿈 익을 날에는
온 우주 구석구석
황금 보리알처럼
볼록볼록 알배리라는 다짐이었다

뒷동산 앵두는 그리도 쉽게 익는데
한없이 텅 빈 그리움만 속 끓었다

바람결 한 줄기 뻐꾸기 소리조차
턱턱 숨 막히는
뜨거운 사막의 따가운 맨발 걸음 소리였다.

허진숙
한국문인협회 회원, 농민문학작가상 수상, 시집 『그 사람은 아름다웠다』

시계바늘

시계바늘 초침을 바라보았네
그러나 잡지는 못했네
뾰족한 바늘이 돌고 돌아
제자리 왔다 가네

시계바늘 초침 소리 들리네
그러나 잡지는 못했네
뾰족한 바늘 위에 올라앉아
울다가 웃다가

나는 해맑은 동심 언덕으로
제자리 갈 수 없어
유리 방황하다가
지구 반대편 서성이다가

호르몬 자연사 복어등 반점이
가슴에 콕콕 박히고
동그라미 시계 꽃반지 끼고
돌고 돌아 원천을 가겠네!

허태기

새한국문학 회원, 한국문인상 수상, 저서 『거울 속에 담긴 삶』

태양을 향해 쏴라

팽팽한 활줄에 나를 매달고
힘껏 당긴다
시위를 떠난 나는 태양을 향해
광속으로 날아간다

이글이글 타는 용광로 속으로
거침없이 파고든다
온갖 지은 죄업
어두운 마음
부끄러운 습들이
더러운 육신과 함께
용광로에 녹아든다

아집과 자아는
흔적 없이 사라지고
광명과 하나 되어
영원으로 동화된다

육신과 자아의
빈자리
찬란한 빛으로 잇는 순간이다

허형만

1973년 월간문학 데뷔, 목포대학 명예교수, 시집 『불타는 얼음』 외.

뼈는 귀도 밝다

뼈는 귀도 밝다
무릎이 시린 밤,
숲은 웅성거리기 시작하고
영락없이 비 오신다

삭신이 쑤신 걸 보니, 비올란갑다
콩콩콩 밟아드렸던 운동장 같은
아버지 등짝에서 내려온 날 밤이면
어김없이 빗소리 유리창 흔들고
다음날 운동회는 꿈속에서 젖곤 했지

이제 어느덧 내가
돌아가신 아버지 나이가 되어
무릎이 시린 날,
비가 오시는 이유를 곰곰이 생각해 보니,
나의 몸속에는 우주와 교신하는
광케이블이 깔려있었던 거다

홍관수

시인·의사, 한국신문예문학회 회원, 세실내과 원장, 수필집 『나는 착한 아내가 싫다』

나와 나 아닌 나

내 안에 있는
나 아닌 나
언제나 타인
내 안에 공존하는 세균처럼
나를 지키기도 하고
나를 병들게 하기도 하지
내 속의 영양분
함께 먹고 살아도
너무나 달라
이길 수도 없고 질 수도 없이
공존하는 영원한 맞대결
오늘은 유난히 나를 괴롭혀
차라리 나를
완전히 제압이라도 할 것이지
하여튼 오늘은 나보다 더 강한
내 안의 타인
너로 인해
또 다른 나

홍기영

이화여자대학교 졸업, 인사동시인협회 이사, 저서 『인사동시인들』 공저 다수.

동백이 가는 곳

식었을 때,
그때부터 진정한 시작이다

뜨겁게 닳아 오르다
생의 마지막 계절이 치르는 완경으로 핀 동백

절벽을 안고 있는 가슴은 더 이상 설레지 않는다
은밀하고 깊은 곳까지 침투하여
하얀 불면을 먹고 깨어있는 붉은 달의 기억

궁극은 피는 것이 아니라 잘 떨어지는 것
깊어지면 다다르는 그곳에 가고 싶다

더워지는 몸, 내 안에 결코 살 수 없는
찬 기운들이 빠져나가면 이때부터
새로운 생리生理가 생리를 한다

닿으면 모든 것이 통하는 지점이 보이기 시작할 때
절벽과 맞추어 보는 아득한 기울기

노란 위액 역류한 수술이 목울대를 잡고 통째로 하혈한다

새봄이 오기 전에

홍명희

한국현대시인협회 이사, 심상문학신인상, 시집 『나무의 입술이 움직이기 시작했다』

테이크 아웃

턱을 넘을 때마다
울컥 하고 올라오는 것이 있다
속도를 줄이지 못한
과속의 발설이 턱에 걸린다

덜컹하는 소리
찌그덕찌그덕
서스펜션이 움찔거리고
차 바닥이 긁히는 소리

브레이크자국이 모눈종이처럼 빽빽한 이면도로엔
폭죽이 터졌는지
방향지시등이 안개 속에 깜빡거린다
기능을 상실한 볼트와 너트는 불면의 부품들
눈에 익은 수면제처럼 널브러져 있다

타이어 자국이 지나간 빗금의 내부
얼룩덜룩 벗겨진 누런 페인트는
턱을 넘다가 여러 번 엎어진 여자의 무릎같다

저 멀리 방지턱이 보인다
자꾸만 밖으로 기울어지는 내 몸의 뼈들
꿰맨 날갯죽지가 움찔움찔 덧나고 있다

턱을 넘을 때마다 스프링의 사지가 오므라든다
압축을 견디기 위해 내면에서
초록빛 액체 솜털이 서로 손을 잡는다
방지턱을 넘은 노련한 손놀림이
울컥울컥 넘치려는 테이크 아웃
아이스 아메리카노 뚜껑을 달래며 종이빨대를 꽂는다

홍중기

베트남 나트랑·사이공 방송국 근무(종군기자), 한국전쟁문학회 회장, 시집 『아기 걸음마』

모스크바는 정교회다

모스코바는 빛의 도시다
황금빛으로 아침을 여는 광장은
빅토르 최를 닮은
젊은이들의 몸짓이 사랑과 자유를 외치며 아침을 맞는다

그들의 종교는 긴 다툼에서 소리를 잃고
아침을 여는 빛으로만 한가하다

공산주의 종주국가의 변형은 겉 포장에만 웃는 얼굴이고
알맹이는 공산당이다

러시아는 아름다운 나라다
수수달 옛 고도에 머물며 998년 그리스도의 사랑이
찾아든 공원 풀밭엔 하얀 민들레꽃이 눈꽃 되어
바람에 날리듯 흔들리는 자유를 봤다

알렉세이 나발니 그는 러시아를 이끄는 자유인이다
지난해 8월 독극물 테러로 독일에서 치료를 받고
살아났다

그가 법정에 서서 3년 6개월 실형을 받고 아내 유리아를
향해 두 손을 모아 사랑을 만들어 보인다

푸틴은 독재자다
죽어서 넘어진 빅토르 최의 자유의 소리가
나발니와 함께 다시 울려 퍼지는 날

우린
그들의 자유를
볼 것이다

황옥례

명지대학 문창과 졸업, 황진이문학상 대상, 한국신문예문학회 제8대 회장 역임,
시집 『목어의 눈』 외.

네모 부부

날마다 그는
네모 침대에서 일어나
네모 욕실에 들어가
네모 거울을 보며 세수를 한다

네모 핸드폰을 보며
네모 식탁에서 식사 후
네모 가방을 들고
네모 현관문을 향해 출근하다

네모 세상에서 소외된
아내는 그의 뒤를 쫓아가
손을 잡으며 말한다
"여보, 내 얼굴 성형할까 봐"
"아니, 무슨 말이요?"
"내 얼굴은 동그란데
네모로 바꾸면 쳐다볼 것 아니우?"

헐?!

한국현대시를 빛낸 시인들

초판 인쇄	2023년 10월 10일
초판 발행	2023년 10월 16일
지은이	지은경
펴낸곳	도서출판 책나라
등 록	110-91-10104호(2004.1.14)
주 소	ⓤ 03377 서울시 은평구 녹번로 3가길 14, 라임하우스 1층 101호
전 화	(02)389-0146~7
팩 스	(02)289-0147
홈페이지	http://cafe.daum.net/sinmunye
이메일	E-mail / sinmunye@hanmail.net

값 45,000원

ⓒ 지은경, 2023
ISBN 979-11-92271-20-0

* 이 책 내용의 전부 또는 일부를 재사용하려면
  저작권자와 도서출판 책나라 양측과 협의하여야 합니다.
* 저자와의 협의에 의하여 인지를 생략합니다.
* 파본은 구매 서점에서 교환하여 드립니다.